I0150849

ROEMEENS

WOORDENSCHAT

NEDERLANDS
ROEMEENS

De meest bruikbare woorden
Om uw woordenschat uit te breiden en
uw taalvaardigheid aan te scherpen

7000 woorden

Thematische woordenschat Nederlands-Roemeens - 7000 woorden

Door Andrey Taranov

Woordenlijsten van T&P Books zijn bedoeld om u woorden van een vreemde taal te helpen leren, onthouden, en bestudering. Dit woordenboek is ingedeeld in thema's en behandelt alle belangrijk terreinen van het dagelijkse leven, bedrijven, wetenschap, cultuur, etc.

Het proces van het leren van woorden met behulp van de op thema's gebaseerde aanpak van T&P Books biedt u de volgende voordelen:

- Correct gegroepeerde informatie is bepalend voor succes bij opeenvolgende stadia van het leren van woorden
- De beschikbaarheid van woorden die van dezelfde stam zijn maakt het mogelijk om woordgroepen te onthouden (in plaats van losse woorden)
- Kleine groepen van woorden faciliteren het proces van het aanmaken van associatieve verbindingen, die nodig zijn bij het consolideren van de woordenschat
- Het niveau van talenkennis kan worden ingeschat door het aantal geleerde woorden

T&P Books Publishing
www.tpbooks.com

ISBN: 978-1-78492-319-8

Dit boek is ook beschikbaar in e-boek formaat.
Gelieve www.tpbooks.com te bezoeken of de belangrijkste online boekwinkels.

ROEMEENSE WOORDENSCHAT
nieuwe woorden leren

T&P Books woordenlijsten zijn bedoeld om u te helpen vreemde woorden te leren, te onthouden, en te bestuderen. De woordenschat bevat meer dan 7000 veel gebruikte woorden die thematisch geordend zijn.

- De woordenlijst bevat de meest gebruikte woorden
- Aanbevolen als aanvulling bij welke taalcursus dan ook
- Voldoet aan de behoeften van de beginnende en gevorderde student in vreemde talen
- Geschikt voor dagelijks gebruik, bestudering en zelftestactiviteiten
- Maakt het mogelijk om uw woordenschat te evalueren

Bijzondere kenmerken van de woordenschat

- De woorden zijn gerangschikt naar hun betekenis, niet volgens alfabet
- De woorden worden weergegeven in drie kolommen om bestudering en zelftesten te vergemakkelijken
- Woorden in groepen worden verdeeld in kleine blokken om het leerproces te vergemakkelijken
- De woordenschat biedt een handige en eenvoudige beschrijving van elk buitenlands woord

De woordenschat bevat 198 onderwerpen zoals:

Basisconcepten, getallen, kleuren, maanden, seizoenen, meeteenheden, kleding en accessoires, eten & voeding, restaurant, familieleden, verwanten, karakter, gevoelens, emoties, ziekten, stad, dorp, bezienswaardigheden, winkelen, geld, huis, thuis, kantoor, werken op kantoor, import & export, marketing, werk zoeken, sport, onderwijs, computer, internet, gereedschap, natuur, landen, nationaliteiten en meer ...

INHOUDSOPGAVE

UITSPRAAKGIDS

T&P fonetisch alfabet	Roemeens voorbeeld	Nederlands voorbeeld
[a]	arbust [ar'bust]	acht
[e]	a merge [a 'merdʒe]	delen, spreken
[ə]	brățară [brə'tsarə]	De sjwa, 'doffe e'
[i]	impozit [im'pozit]	bidden, tint
[ɨ]	cuvânt [ku'vint]	iemand, die
[o]	avocat [avo'kat]	overeenkomst
[u]	fluture ['fluture]	hoed, doe
[b]	bancă ['bankə]	hebben
[d]	durabil [du'rabil]	Dank u, honderd
[dʒ]	gemeni ['dʒemenʲ]	jeans, jungle
[f]	frizer [fri'zer]	feestdag, informeren
[g]	gladiolă [gladi'olə]	goal, tango
[ʒ]	jucător [ʒukə'tor]	journalist, rouge
[h]	pahar [pa'har]	het, herhalen
[k]	actor [ak'tor]	kennen, kleur
[l]	clopot ['klopot]	delen, luchter
[m]	mobilă ['mobilə]	morgen, etmaal
[n]	nuntă ['nuntə]	nemen, zonder
[p]	profet [pro'fet]	parallel, koper
[r]	roată [ro'atə]	roepen, breken
[s]	salată [sa'latə]	spreken, kosten
[ʃ]	cleştişor [kleʃti'ʃor]	shampoo, machine
[t]	statuie [sta'tue]	tomaat, taart
[ts]	forță ['fortsə]	niets, plaats
[tʃ]	optzeci [opt'zetʃi]	Tsjechië, cello
[v]	valiză [va'lizə]	beloven, schrijven
[z]	zmeură ['zmeurə]	zeven, zesde
[j]	foios [fo'jos]	New York, januari
[ʲ]	zori [zorʲ]	palatalisatie teken

AFKORTINGEN
gebruikt in de woordenschat

Nederlandse afkortingen

abn	-	als bijvoeglijk naamwoord
bijv.	-	bijvoorbeeld
bn	-	bijvoeglijk naamwoord
bw	-	bijwoord
enk.	-	enkelvoud
enz.	-	enzovoort
form.	-	formele taal
inform.	-	informele taal
mann.	-	mannelijk
mil.	-	militair
mv.	-	meervoud
on.ww.	-	onovergankelijk werkwoord
ontelb.	-	ontelbaar
ov.	-	over
ov.ww.	-	overgankelijk werkwoord
telb.	-	telbaar
vn	-	voornaamwoord
vrouw.	-	vrouwelijk
vw	-	voegwoord
vz	-	voorzetsel
wisk.	-	wiskunde
ww	-	werkwoord

Nederlandse artikelen

de	-	gemeenschappelijk geslacht
de/het	-	gemeenschappelijk geslacht, onzijdig
het	-	onzijdig

Roemeense afkortingen

f	-	vrouwelijk zelfstandig naamwoord
f pl	-	vrouwelijk meervoud
m	-	mannelijk zelfstandig naamwoord
m pl	-	mannelijk meervoud
n	-	onzijdig

| n pl | - | onzijdig meervoud |
| pl | - | meervoud |

BASISBEGRIPPEN

Basisbegrippen Deel 1

1. Voornaamwoorden

ik	eu	[eu]
jij, je	tu	[tu]
hij	el	[el]
zij, ze	ea	['a]
wij, we	noi	[noj]
jullie	voi	['voj]
zij, ze (mann.)	ei	['ej]
zij, ze (vrouw.)	ele	['ele]

2. Begroetingen. Begroetingen. Afscheid

Hallo! Dag!	Bună ziua!	['bunə 'ziwa]
Hallo!	Bună ziua!	['bunə 'ziwa]
Goedemorgen!	Bună dimineaţa!	['bunə dimi'n'atsa]
Goedemiddag!	Bună ziua!	['bunə 'ziwa]
Goedenavond!	Bună seara!	['bunə 's'ara]
gedag zeggen (groeten)	a se saluta	[a se salu'ta]
Hoi!	Salut!	[sa'lut]
groeten (het)	salut (n)	[sa'lut]
verwelkomen (ww)	a saluta	[a salu'ta]
Hoe gaat het?	Ce mai faci?	[tʃie maj 'fatʃi]
Is er nog nieuws?	Ce mai e nou?	[tʃe maj e 'nou]
Dag! Tot ziens!	La revedere!	[la reve'dere]
Tot snel! Tot ziens!	Pe curând!	[pe ku'rind]
Vaarwel! (inform.)	Rămâi cu bine!	[rə'mij ku 'bine]
Vaarwel! (form.)	Rămâneţi cu bine!	[rəmi'nets ku 'bine]
afscheid nemen (ww)	a-şi lua rămas bun	[aʃ lu'a rə'mas bun]
Tot kijk!	Pa!	[pa]
Dank u!	Mulţumesc!	[multsu'mesk]
Dank u wel!	Mulţumesc mult!	[multsu'mesk mult]
Graag gedaan	Cu plăcere	[ku plə'tʃere]
Geen dank!	Pentru puţin	['pentru pu'tsin]
Geen moeite.	Pentru puţin	['pentru pu'tsin]
Excuseer me, ... (inform.)	Scuză-mă!	['skuzəmə]
Excuseer me, ... (form.)	Scuzaţi-mă!	[sku'zatsimə]

excuseren (verontschuldigen)	a scuza	[a sku'za]
zich verontschuldigen	a cere scuze	[a 'tʃere 'skuze]
Mijn excuses.	Cer scuze	[tʃer 'skuze]
Het spijt me!	Lertaţi-mă!	[er'tatsimə]
vergeven (ww)	a ierta	[a er'ta]
alsjeblieft	vă rog	[və rog]

Vergeet het niet!	Nu uitaţi!	[nu uj'tatsⁱ]
Natuurlijk!	Desigur!	[de'sigur]
Natuurlijk niet!	Desigur ca nu!	[de'sigur kə nu]
Akkoord!	Sunt de acord!	[sunt de a'kord]
Zo is het genoeg!	Ajunge!	[a'ʒundʒe]

3. Kardinale getallen. Deel 1

nul	zero	['zero]
een	unu	['unu]
twee	doi	[doj]
drie	trei	[trej]
vier	patru	['patru]

vijf	cinci	[tʃintʃ]
zes	şase	['ʃase]
zeven	şapte	['ʃapte]
acht	opt	[opt]
negen	nouă	['nowə]

tien	zece	['zetʃe]
elf	unsprezece	['unsprezetʃe]
twaalf	doisprezece	['dojsprezetʃe]
dertien	treisprezece	['trejsprezetʃe]
veertien	paisprezece	['pajsprezetʃe]

vijftien	cincisprezece	['tʃintʃsprezetʃe]
zestien	şaisprezece	['ʃajsprezetʃe]
zeventien	şaptesprezece	['ʃaptesprezetʃe]
achttien	optsprezece	['optsprezetʃe]
negentien	nouăsprezece	['nowəsprezetʃe]

twintig	douăzeci	[dowə'zetʃi]
eenentwintig	douăzeci şi unu	[dowə'zetʃi ʃi 'unu]
tweeëntwintig	douăzeci şi doi	[dowə'zetʃi ʃi doj]
drieëntwintig	douăzeci şi trei	[dowə'zetʃi ʃi trej]

dertig	treizeci	[trej'zetʃi]
eenendertig	treizeci şi unu	[trej'zetʃi ʃi 'unu]
tweeëndertig	treizeci şi doi	[trej'zetʃi ʃi doj]
drieëndertig	treizeci şi trei	[trej'zetʃi ʃi trej]

veertig	patruzeci	[patru'zetʃi]
eenenveertig	patruzeci şi unu	[patru'zetʃi ʃi 'unu]
tweeënveertig	patruzeci şi doi	[patru'zetʃi ʃi doj]
drieënveertig	patruzeci şi trei	[patru'zetʃi ʃi trej]
vijftig	cincizeci	[tʃintʃ'zetʃ]

eenenvijftig	cincizeci şi unu	[tʃintʃˈzetʃ ʃi ˈunu]
tweeënvijftig	cincizeci şi doi	[tʃintʃˈzetʃ ʃi doj]
drieënvijftig	cincizeci şi trei	[tʃintʃˈzetʃ ʃi trej]

zestig	şaizeci	[ʃajˈzetʃi]
eenenzestig	şaizeci şi unu	[ʃajˈzetʃi ʃi ˈunu]
tweeënzestig	şaizeci şi doi	[ʃajˈzetʃi ʃi doj]
drieënzestig	şaizeci şi trei	[ʃajˈzetʃi ʃi trej]

zeventig	şaptezeci	[ʃapteˈzetʃi]
eenenzeventig	şaptezeci şi unu	[ʃapteˈzetʃi ʃi ˈunu]
tweeënzeventig	şaptezeci şi doi	[ʃapteˈzetʃi ʃi doj]
drieënzeventig	şaptezeci şi trei	[ʃapteˈzetʃi ʃi trej]

tachtig	optzeci	[optˈzetʃi]
eenentachtig	optzeci şi unu	[optˈzetʃi ʃi ˈunu]
tweeëntachtig	optzeci şi doi	[optˈzetʃi ʃi doj]
drieëntachtig	optzeci şi trei	[optˈzetʃi ʃi trej]

negentig	nouăzeci	[nowəˈzetʃi]
eenennegentig	nouăzeci şi unu	[nowəˈzetʃi ʃi ˈunu]
tweeënnegentig	nouăzeci şi doi	[nowəˈzetʃi ʃi doj]
drieënnegentig	nouăzeci şi trei	[nowəˈzetʃi ʃi trej]

4. Kardinale getallen. Deel 2

honderd	o sută	[o ˈsutə]
tweehonderd	două sute	[ˈdowə ˈsute]
driehonderd	trei sute	[trej ˈsute]
vierhonderd	patru sute	[ˈpatru ˈsute]
vijfhonderd	cinci sute	[tʃintʃ ˈsute]

zeshonderd	şase sute	[ˈʃase ˈsute]
zevenhonderd	şapte sute	[ˈʃapte ˈsute]
achthonderd	opt sute	[opt ˈsute]
negenhonderd	nouă sute	[ˈnowə ˈsute]

duizend	o mie	[o ˈmie]
tweeduizend	două mii	[ˈdowə mij]
drieduizend	trei mii	[trej mij]
tienduizend	zece mii	[ˈzetʃe mij]
honderdduizend	o sută de mii	[o ˈsutə de mij]
miljoen (het)	milion (n)	[miˈljon]
miljard (het)	miliard (n)	[miˈljard]

5. Getallen. Breuken

breukgetal (het)	fracţie (f)	[ˈfraktsie]
half	o doime	[o ˈdoime]
een derde	o treime	[o ˈtreime]
kwart	o pătrime	[o pəˈtrime]
een achtste	o optime	[o opˈtime]

15

een tiende	o zecime	[o ze'tʃime]
twee derde	două treimi	['dowə 'treimⁱ]
driekwart	trei pătrimi	[trej pə'trimⁱ]

6. Getallen. Eenvoudige berekeningen

aftrekking (de)	scădere (f)	[skə'dere]
aftrekken (ww)	a scădea	[a skə'dʲa]
deling (de)	împărţire (f)	[impər'tsire]
delen (ww)	a împărţi	[a impər'tsi]
optelling (de)	adunare (f)	[adu'nare]
erbij optellen	a aduna	[a adu'na]
(bij elkaar voegen)		
optellen (ww)	a adăuga	[a adəu'ga]
vermenigvuldiging (de)	înmulţire (f)	[inmul'tsire]
vermenigvuldigen (ww)	a înmulţi	[a inmul'tsi]

7. Getallen. Diversen

cijfer (het)	cifră (f)	['tʃifrə]
nummer (het)	număr (n)	['numər]
telwoord (het)	numeral (n)	[nume'ral]
minteken (het)	minus (n)	['minus]
plusteken (het)	plus (n)	[plus]
formule (de)	formulă (f)	[for'mulə]

berekening (de)	calcul (n)	['kalkul]
tellen (ww)	a calcula	[a kalku'la]
bijrekenen (ww)	a socoti	[a soko'ti]
vergelijken (ww)	a compara	[a kompa'ra]

Hoeveel? (ontelb.)	Cât?	[kit]
som (de), totaal (het)	sumă (f)	['sumə]
uitkomst (de)	rezultat (n)	[rezul'tat]
rest (de)	rest (n)	[rest]
enkele (bijv. ~ minuten)	câţiva, câteva	[kits'va], [kite'va]
weinig (bw)	puţin	[pu'tsin]
restant (het)	rest (n)	[rest]
anderhalf	unu şi jumătate	['unu ʃi ʒumə'tate]
dozijn (het)	duzină (f)	[du'zinə]

middendoor (bw)	în două	[in 'dowə]
even (bw)	în părţi egale	[in pərtsⁱ e'gale]
helft (de)	jumătate (f)	[ʒumə'tate]
keer (de)	dată (f)	['datə]

8. De belangrijkste werkwoorden. Deel 1

| aanbevelen (ww) | a recomanda | [a rekoman'da] |
| aandringen (ww) | a insista | [a insis'ta] |

16

aankomen (per auto, enz.)	a sosi	[a so'si]
aanraken (ww)	a atinge	[a a'tindʒe]
adviseren (ww)	a sfătui	[a sfətu'i]

afdalen (on.ww.)	a coborî	[a kobo'rɨ]
afslaan (naar rechts ~)	a întoarce	[a ɨnto'artʃe]
antwoorden (ww)	a răspunde	[a rəs'punde]
bang zijn (ww)	a se teme	[a se 'teme]
bedreigen (bijv. met een pistool)	a ameninţa	[a amenin'tsa]

bedriegen (ww)	a minţi	[a min'tsi]
beëindigen (ww)	a termina	[a termi'na]
beginnen (ww)	a începe	[a ɨn'tʃepe]
begrijpen (ww)	a înţelege	[a ɨntse'ledʒe]
beheren (managen)	a conduce	[a kon'dutʃe]

beledigen (met scheldwoorden)	a jigni	[a ʒig'ni]
beloven (ww)	a promite	[a pro'mite]
bereiden (koken)	a găti	[a gə'ti]
bespreken (spreken over)	a discuta	[a disku'ta]

bestellen (eten ~)	a comanda	[a koman'da]
bestraffen (een stout kind ~)	a pedepsi	[a pedep'si]
betalen (ww)	a plăti	[a plə'ti]
betekenen (beduiden)	a însemna	[a ɨnsem'na]
betreuren (ww)	a regreta	[a regre'ta]

bevallen (prettig vinden)	a plăcea	[a plə'tʃa]
bevelen (mil.)	a ordona	[a ordo'na]
bevrijden (stad, enz.)	a elibera	[a elibe'ra]
bewaren (ww)	a păstra	[a pəs'tra]
bezitten (ww)	a poseda	[a pose'da]

bidden (praten met God)	a se ruga	[a se ru'ga]
binnengaan (een kamer ~)	a intra	[a in'tra]
breken (ww)	a rupe	[a 'rupe]
controleren (ww)	a controla	[a kontro'la]
creëren (ww)	a crea	[a 'krʲa]

deelnemen (ww)	a participa	[a partitʃi'pa]
denken (ww)	a se gândi	[a se gɨn'di]
doden (ww)	a omorî	[a omo'rɨ]
doen (ww)	a face	[a 'fatʃe]
dorst hebben (ww)	a fi sete	[a fi 'sete]

9. De belangrijkste werkwoorden. Deel 2

een hint geven	a face aluzie	[a 'fatʃe a'luzie]
eisen (met klem vragen)	a cere	[a 'tʃere]
existeren (bestaan)	a exista	[a ekzis'ta]
gaan (te voet)	a merge	[a 'merdʒe]
gaan zitten (ww)	a se aşeza	[a se aʃe'za]

17

gaan zwemmen	a se scălda	[a se skəl'da]
geven (ww)	a da	[a da]
glimlachen (ww)	a zâmbi	[a zɨm'bi]
goed raden (ww)	a ghici	[a gi'ʧi]

grappen maken (ww)	a glumi	[a glu'mi]
graven (ww)	a săpa	[a sə'pa]

hebben (ww)	a avea	[a a'vʲa]
helpen (ww)	a ajuta	[a aʒu'ta]
herhalen (opnieuw zeggen)	a repeta	[a repe'ta]
honger hebben (ww)	a fi foame	[a fi fo'ame]

hopen (ww)	a spera	[a spe'ra]
horen	a auzi	[a au'zi]
(waarnemen met het oor)		
huilen (wenen)	a plânge	[a 'plindʒe]
huren (huis, kamer)	a închiria	[a ɨnkiri'ja]
informeren (informatie geven)	a informa	[a infor'ma]

instemmen (akkoord gaan)	a fi de acord	[a fi de a'kord]
jagen (ww)	a vâna	[a vɨ'na]
kennen (kennis hebben van iemand)	a cunoaşte	[a kuno'aʃte]
kiezen (ww)	a alege	[a a'ledʒe]
klagen (ww)	a se plânge	[a se 'plindʒe]

kosten (ww)	a costa	[a kos'ta]
kunnen (ww)	a putea	[a pu'tʲa]
lachen (ww)	a râde	[a 'ride]
laten vallen (ww)	a scăpa	[a skə'pa]
lezen (ww)	a citi	[a ʧi'ti]

liefhebben (ww)	a iubi	[a ju'bi]
lunchen (ww)	a lua prânzul	[a lu'a 'prɨnzul]
nemen (ww)	a lua	[a lu'a]
nodig zijn (ww)	a fi necesar	[a fi neʧe'sar]

10. De belangrijkste werkwoorden. Deel 3

onderschatten (ww)	a subaprecia	[a subapreʧi'a]
ondertekenen (ww)	a semna	[a sem'na]
ontbijten (ww)	a lua micul dejun	[a lu'a 'mikul de'ʒun]
openen (ww)	a deschide	[a des'kide]
ophouden (ww)	a înceta	[a anʧe'ta]
opmerken (zien)	a observa	[a obser'va]

opscheppen (ww)	a se lăuda	[a se ləu'da]
opschrijven (ww)	a nota	[a no'ta]
plannen (ww)	a planifica	[a planifi'ka]
prefereren (verkiezen)	a prefera	[a prefe'ra]
proberen (trachten)	a încerca	[a inʧer'ka]
redden (ww)	a salva	[a sal'va]
rekenen op ...	a conta pe ...	[a kon'ta pe]

rennen (ww)	a alerga	[a aler'ga]
reserveren	a rezerva	[a rezer'va]
(een hotelkamer ~)		
roepen (om hulp)	a chema	[a ke'ma]
schieten (ww)	a trage	[a 'tradʒə]
schreeuwen (ww)	a striga	[a stri'ga]

schrijven (ww)	a scrie	[a 'skrie]
souperen (ww)	a cina	[a tʃi'na]
spelen (kinderen)	a juca	[a ʒu'ka]
spreken (ww)	a vorbi	[a vor'bi]
stelen (ww)	a fura	[a fu'ra]
stoppen (pauzeren)	a se opri	[a se o'pri]

studeren (Nederlands ~)	a studia	[a studi'a]
sturen (zenden)	a trimite	[a tri'mite]
tellen (optellen)	a calcula	[a kalku'la]
toebehoren aan ...	a aparţine	[a apar'tsine]
toestaan (ww)	a permite	[a per'mite]
tonen (ww)	a arăta	[a arə'ta]

twijfelen (onzeker zijn)	a se îndoi	[a se îndo'i]
uitgaan (ww)	a ieşi	[a e'ʃi]
uitnodigen (ww)	a invita	[a invi'ta]
uitspreken (ww)	a pronunţa	[a pronun'tsa]
uitvaren tegen (ww)	a certa	[a tʃer'ta]

11. De belangrijkste werkwoorden. Deel 4

vallen (ww)	a cădea	[a kə'dʲa]
vangen (ww)	a prinde	[a 'prinde]
veranderen (anders maken)	a schimba	[a skim'ba]
verbaasd zijn (ww)	a se mira	[a se mi'ra]
verbergen (ww)	a ascunde	[a as'kunde]

verdedigen (je land ~)	a apăra	[a apə'ra]
verenigen (ww)	a uni	[a u'ni]
vergelijken (ww)	a compara	[a kompa'ra]
vergeten (ww)	a uita	[a uj'ta]
vergeven (ww)	a ierta	[a er'ta]

verklaren (uitleggen)	a explica	[a ekspli'ka]
verkopen (per stuk ~)	a vinde	[a 'vinde]
vermelden (praten over)	a menţiona	[a mentsio'na]
versieren (decoreren)	a împodobi	[a impodo'bi]
vertalen (ww)	a traduce	[a tra'dutʃe]

vertrouwen (ww)	a avea încredere	[a a'vʲa in'kredere]
vervolgen (ww)	a continua	[a kontinu'a]
verwarren (met elkaar ~)	a încurca	[a inkur'ka]
verzoeken (ww)	a cere	[a 'tʃere]
verzuimen (school, enz.)	a lipsi	[a lip'si]
vinden (ww)	a găsi	[a gə'si]
vliegen (ww)	a zbura	[a zbu'ra]

volgen (ww)	a urma	[a ur'ma]
voorstellen (ww)	a propune	[a pro'pune]
voorzien (verwachten)	a prevedea	[a preve'dʲa]
vragen (ww)	a întreba	[a intre'ba]

waarnemen (ww)	a observa	[a obser'va]
waarschuwen (ww)	a avertiza	[a averti'za]
wachten (ww)	a aştepta	[a aʃtep'ta]
weerspreken (ww)	a contrazice	[a kontra'zitʃe]
weigeren (ww)	a refuza	[a refu'za]

werken (ww)	a lucra	[a lu'kra]
weten (ww)	a şti	[a ʃti]
willen (verlangen)	a vrea	[a vrʲa]
zeggen (ww)	a spune	[a 'spune]
zich haasten (ww)	a se grăbi	[a se grə'bi]

zich interesseren voor ...	a se interesa	[a se intere'sa]
zich vergissen (ww)	a greşi	[a gre'ʃi]
zich verontschuldigen	a cere scuze	[a 'tʃere 'skuze]
zien (ww)	a vedea	[a ve'dʲa]

zoeken (ww)	a căuta	[a kəu'ta]
zwemmen (ww)	a înota	[a ino'ta]
zwijgen (ww)	a tăcea	[a tə'tʃa]

12. Kleuren

kleur (de)	culoare (f)	[kulo'are]
tint (de)	nuanţă (f)	[nu'antsə]
kleurnuance (de)	ton (n)	[ton]
regenboog (de)	curcubeu (n)	[kurku'beu]

wit (bn)	alb	[alb]
zwart (bn)	negru	['negru]
grijs (bn)	sur	['sur]

groen (bn)	verde	['verde]
geel (bn)	galben	['galben]
rood (bn)	roşu	['roʃu]

blauw (bn)	albastru închis	[al'bastru i'nkis]
lichtblauw (bn)	albastru deschis	[al'bastru des'kis]
roze (bn)	roz	['roz]
oranje (bn)	portocaliu	[portoka'lju]
violet (bn)	violet	[vio'let]
bruin (bn)	cafeniu	[kafe'nju]

goud (bn)	de culoarea aurului	[de kulo'arʲa 'auruluj]
zilverkleurig (bn)	argintiu	[ardʒin'tju]

beige (bn)	bej	[beʒ]
roomkleurig (bn)	crem	[krem]
turkoois (bn)	turcoaz	[turko'az]

kersrood (bn)	vişiniu	[viʃi'nju]
lila (bn)	lila	[li'la]
karmijnrood (bn)	de culoarea zmeurei	[de kulo'arʲa 'zmeurej]

licht (bn)	de culoare deschisă	[de kulo'are des'kisə]
donker (bn)	de culoare închisă	[de kulo'are i'nkisə]
fel (bn)	aprins	[a'prins]

kleur-, kleurig (bn)	colorat	[kolo'rat]
kleuren- (abn)	color	[ko'lor]
zwart-wit (bn)	alb-negru	[alb 'negru]
eenkleurig (bn)	monocrom	[mono'krom]
veelkleurig (bn)	multicolor	[multiko'lor]

13. Vragen

Wie?	Cine?	['ʧine]
Wat?	Ce?	[ʧe]
Waar?	Unde?	['unde]
Waarheen?	Unde?	['unde]
Waarvandaan?	De unde?	[de 'unde]
Wanneer?	Când?	[kind]
Waarom?	Pentru ce?	['pentru ʧe]
Waarom?	De ce?	[de ʧe]

Waarvoor dan ook?	Pentru ce?	['pentru ʧe]
Hoe?	Cum?	[kum]
Wat voor ...?	Care?	['kare]
Welk?	Care?	['kare]

Aan wie?	Cui?	[kuj]
Over wie?	Despre cine?	['despre 'ʧine]
Waarover?	Despre ce?	['despre ʧe]
Met wie?	Cu cine?	[ku 'ʧine]

Hoeveel? (ontelb.)	Câţi? Câte?	[kits], ['kite]
Van wie? (mann.)	Al cui?	['al kuj]
Van wie? (vrouw.)	A cui?	[a kuj]
Van wie? (mv.)	Ai cui?, Ale cui?	[aj kuj], ['ale kuj]

14. Functiewoorden. Bijwoorden. Deel 1

Waar?	Unde?	['unde]
hier (bw)	aici	[a'itʃi]
daar (bw)	acolo	[a'kolo]

| ergens (bw) | undeva | [unde'va] |
| nergens (bw) | nicăieri | [nikə'erʲ] |

bij ... (in de buurt)	lângă ...	['linge]
bij het raam	lângă fereastră	['linge fe'rʲastre]
Waarheen?	Unde?	['unde]

hierheen (bw)	aici	[a'itʃi]
daarheen (bw)	acolo	[a'kolo]
hiervandaan (bw)	de aici	[de a'itʃi]
daarvandaan (bw)	de acolo	[de a'kolo]

dichtbij (bw)	aproape	[apro'ape]
ver (bw)	departe	[de'parte]

in de buurt (van ...)	alături	[a'lətur^j]
dichtbij (bw)	alături	[a'lətur^j]
niet ver (bw)	aproape	[apro'ape]

linker (bn)	stâng	[sting]
links (bw)	din stânga	[din 'stinga]
linksaf, naar links (bw)	în stânga	[in 'stinga]

rechter (bn)	drept	[drept]
rechts (bw)	din dreapta	[din 'dr^japta]
rechtsaf, naar rechts (bw)	în dreapta	[in 'dr^japta]

vooraan (bw)	în faţă	[in 'fatsə]
voorste (bn)	din faţă	[din 'fatsə]
vooruit (bw)	înainte	[ina'inte]

achter (bw)	în urmă	[in 'urmə]
van achteren (bw)	din spate	[din 'spate]
achteruit (naar achteren)	înapoi	[ina'poj]

midden (het)	mijloc (n)	['miʒlok]
in het midden (bw)	la mijloc	[la 'miʒlok]

opzij (bw)	dintr-o parte	['dintro 'parte]
overal (bw)	peste tot	['peste tot]
omheen (bw)	în jur	[in ʒur]

binnenuit (bw)	dinăuntru	[dinə'untru]
naar ergens (bw)	undeva	[unde'va]
rechtdoor (bw)	direct	[di'rekt]
terug (bijv. ~ komen)	înapoi	[ina'poj]

ergens vandaan (bw)	de undeva	[de unde'va]
ergens vandaan (en dit geld moet ~ komen)	de undeva	[de unde'va]

ten eerste (bw)	în primul rând	[in 'primul rind]
ten tweede (bw)	în al doilea rând	[in al 'dojl^ja rind]
ten derde (bw)	în al treilea rând	[in al 'trejl^ja rind]

plotseling (bw)	deodată	[deo'datə]
in het begin (bw)	la început	[la intʃe'put]
voor de eerste keer (bw)	prima dată	['prima 'datə]
lang voor ... (bw)	cu mult timp înainte de ...	[ku mult timp ina'inte de]
opnieuw (bw)	din nou	[din 'nou]
voor eeuwig (bw)	pentru totdeauna	['pentru totd^ja'una]
nooit (bw)	niciodată	[nitʃio'datə]
weer (bw)	iarăşi	['jarəʃ]

nu (bw)	acum	[a'kum]
vaak (bw)	des	[des]
toen (bw)	atunci	[a'tuntʃi]
urgent (bw)	urgent	[ur'dʒent]
meestal (bw)	de obicei	[de obi'tʃej]

trouwens, ...	apropo	[apro'po]
(tussen haakjes)		
mogelijk (bw)	posibil	[po'sibil]
waarschijnlijk (bw)	probabil	[pro'babil]
misschien (bw)	poate	[po'ate]
trouwens (bw)	în afară de aceasta, ...	[in a'farə de a'tʃasta]
daarom ...	de aceea	[de a'tʃeja]
in weerwil van ...	deşi ...	[de'ʃi]
dankzij ...	datorită ...	[dato'ritə]

wat (vn)	ce	[tʃe]
dat (vw)	că	[kə]
iets (vn)	ceva	[tʃe'va]
iets	ceva	[tʃe'va]
niets (vn)	nimic	[ni'mik]

wie (~ is daar?)	cine	['tʃine]
iemand (een onbekende)	cineva	[tʃine'va]
iemand	cineva	[tʃine'va]
(een bepaald persoon)		

niemand (vn)	nimeni	['nimenʲ]
nergens (bw)	nicăieri	[nikə'erʲ]
niemands (bn)	al nimănui	[al nime'nuj]
iemands (bn)	al cuiva	[al kuj'va]

zo (Ik ben ~ blij)	aşa	[a'ʃa]
ook (evenals)	de asemenea	[de a'semenʲa]
alsook (eveneens)	la fel	[la fel]

15. Functiewoorden. Bijwoorden. Deel 2

Waarom?	De ce?	[de tʃe]
om een bepaalde reden	nu se ştie de ce	[nu se 'ʃtie de tʃe]
omdat ...	pentru că ...	['pentru kə]
voor een bepaald doel	cine ştie pentru ce	['tʃine 'ʃtie 'pentru tʃe]

en (vw)	şi	[ʃi]
of (vw)	sau	['sau]
maar (vw)	dar	[dar]
voor (vz)	pentru	['pentru]

te (~ veel mensen)	prea	[prʲa]
alleen (bw)	numai	['numaj]
precies (bw)	exact	[e'gzakt]
ongeveer (~ 10 kg)	vreo	['vrʲo]
omstreeks (bw)	aproximativ	[aproksima'tiv]
bij benadering (bn)	aproximativ	[aproksima'tiv]

23

bijna (bw)	aproape	[apro'ape]
rest (de)	restul	['restul]
elk (bn)	fiecare	[fie'kare]
om het even welk	oricare	[ori'kare]
veel (grote hoeveelheid)	mult	[mult]
veel mensen	mulți	[mults]
iedereen (alle personen)	toți	[tots]
in ruil voor ...	în schimb la ...	[in 'skimb la]
in ruil (bw)	în schimbul	[in 'skimbul]
met de hand (bw)	manual	[manu'al]
onwaarschijnlijk (bw)	puțin probabil	[pu'tsin pro'babil]
waarschijnlijk (bw)	probabil	[pro'babil]
met opzet (bw)	intenționat	[intentsio'nat]
toevallig (bw)	întâmplător	[intimplə'tor]
zeer (bw)	foarte	[fo'arte]
bijvoorbeeld (bw)	de exemplu	[de e'gzemplu]
tussen (~ twee steden)	între	['intre]
tussen (te midden van)	printre	['printre]
zoveel (bw)	atât	[a'tit]
vooral (bw)	mai ales	[maj a'les]

Basisbegrippen Deel 2

16. Dagen van de week

maandag (de)	luni (f)	[lunʲ]
dinsdag (de)	marți (f)	['martsʲ]
woensdag (de)	miercuri (f)	['merkurʲ]
donderdag (de)	joi (f)	[ʒoj]
vrijdag (de)	vineri (f)	['vinerʲ]
zaterdag (de)	sâmbătă (f)	['simbətə]
zondag (de)	duminică (f)	[du'minikə]

vandaag (bw)	astăzi	['astəzʲ]
morgen (bw)	mâine	['mijne]
overmorgen (bw)	poimâine	[poj'mine]
gisteren (bw)	ieri	[jerʲ]
eergisteren (bw)	alaltăieri	[a'laltəerʲ]

dag (de)	zi (f)	[zi]
werkdag (de)	zi (f) de lucru	[zi de 'lukru]
feestdag (de)	zi (f) de sărbătoare	[zi de sərbəto'are]
verlofdag (de)	zi (f) liberă	[zi 'liberə]
weekend (het)	zile (f pl) de odihnă	['zile de o'dihnə]

de hele dag (bw)	toată ziua	[to'atə 'ziwa]
de volgende dag (bw)	a doua zi	['dowa zi]
twee dagen geleden	cu două zile în urmă	[ku 'dowə 'zile in 'urmə]
aan de vooravond (bw)	în ajun	[in a'ʒun]
dag-, dagelijks (bn)	zilnic	['zilnik]
elke dag (bw)	în fiecare zi	[in fie'kare zi]

week (de)	săptămână (f)	[səptə'minə]
vorige week (bw)	săptămâna trecută	[səptə'mina tre'kutə]
volgende week (bw)	săptămâna viitoare	[səptə'mina viito'are]
wekelijks (bn)	săptămânal	[səptəmi'nal]
elke week (bw)	în fiecare săptămână	[in fie'kare səptə'minə]
twee keer per week	de două ori pe săptămână	[de 'dowə orʲ pe səptə'minə]
elke dinsdag	în fiecare marți	[in fie'kare 'martsʲ]

17. Uren. Dag en nacht

morgen (de)	dimineață (f)	[dimi'nʲatsə]
's morgens (bw)	dimineața	[dimi'nʲatsa]
middag (de)	amiază (f)	[a'mjazə]
's middags (bw)	după masă	['dupə 'masə]

avond (de)	seară (f)	['sʲarə]
's avonds (bw)	seara	['sʲara]

25

nacht (de)	noapte (f)	[no'apte]
's nachts (bw)	noaptea	[no'aptʲa]
middernacht (de)	miezul (n) nopții	['mezul 'nopʦij]

seconde (de)	secundă (f)	[se'kundə]
minuut (de)	minut (n)	[mi'nut]
uur (het)	oră (f)	['orə]
halfuur (het)	jumătate de oră	[ʒumə'tate de 'orə]
kwartier (het)	un sfert de oră	[un sfert de 'orə]
vijftien minuten	cincisprezece minute	['ʧinʧsprezeʧe mi'nute]
etmaal (het)	o zi (f)	[o zi]

zonsopgang (de)	răsărit (n)	[rəsə'rit]
dageraad (de)	zori (m pl)	[zorʲ]
vroege morgen (de)	zori (m pl) de zi	[zorʲ de zi]
zonsondergang (de)	apus (n)	[a'pus]

's morgens vroeg (bw)	dimineața devreme	[dimi'nʲatsa de'vreme]
vanmorgen (bw)	azi dimineață	[azʲ dimi'nʲatsə]
morgenochtend (bw)	mâine dimineață	['mɨjne dimi'nʲatsə]

vanmiddag (bw)	această după-amiază	[a'ʧastə 'dupa ami'azə]
's middags (bw)	după masă	['dupə 'masə]
morgenmiddag (bw)	mâine după-masă	['mɨjne 'dupə 'masə]

vanavond (bw)	astă-seară	['astə 'sʲarə]
morgenavond (bw)	mâine seară	['mɨjne 'sʲarə]

klokslag drie uur	la ora trei fix	[la 'ora trej fiks]
ongeveer vier uur	în jur de ora patru	[ɨn ʒur de 'ora 'patru]
tegen twaalf uur	pe la ora douăsprezece	[pe la 'ora 'dowəsprezeʧe]

over twintig minuten	peste douăzeci de minute	['peste dowə'zeʧi de mi'nute]
over een uur	peste o oră	['peste o 'orə]
op tijd (bw)	la timp	[la timp]

kwart voor ...	fără un sfert	['fərə un sfert]
binnen een uur	în decurs de o oră	[ɨn de'kurs de o 'orə]
elk kwartier	la fiecare cincisprezece minute	[la fie'kare 'ʧinʧsprezeʧe mi'nute]
de klok rond	zi și noapte	[zi ʃi no'apte]

18. Maanden. Seizoenen

januari (de)	ianuarie (m)	[janu'arie]
februari (de)	februarie (m)	[febru'arie]
maart (de)	martie (m)	['martie]
april (de)	aprilie (m)	[a'prilie]
mei (de)	mai (m)	[maj]
juni (de)	iunie (m)	['junie]

juli (de)	iulie (m)	['julie]
augustus (de)	august (m)	['august]
september (de)	septembrie (m)	[sep'tembrie]

oktober (de)	octombrie (m)	[ok'tombrie]
november (de)	noiembrie (m)	[no'embrie]
december (de)	decembrie (m)	[de'tʃembrie]
lente (de)	primăvară (f)	[primə'varə]
in de lente (bw)	primăvara	[primə'vara]
lente- (abn)	de primăvară	[de primə'varə]
zomer (de)	vară (f)	['varə]
in de zomer (bw)	vara	['vara]
zomer-, zomers (bn)	de vară	[de 'varə]
herfst (de)	toamnă (f)	[to'amnə]
in de herfst (bw)	toamna	[to'amna]
herfst- (abn)	de toamnă	[de to'amnə]
winter (de)	iarnă (f)	['jarnə]
in de winter (bw)	iarna	['jarna]
winter- (abn)	de iarnă	[de 'jarnə]
maand (de)	lună (f)	['lunə]
deze maand (bw)	în luna curentă	[ɨn 'luna ku'rentə]
volgende maand (bw)	în luna următoare	[ɨn 'luna urməto'are]
vorige maand (bw)	în luna trecută	[ɨn 'luna tre'kutə]
een maand geleden (bw)	o lună în urmă	[o 'lunə ɨn 'urmə]
over een maand (bw)	peste o lună	['peste o 'lunə]
over twee maanden (bw)	peste două luni	['peste 'dowə lunʲ]
de hele maand (bw)	luna întreagă	['luna ɨn'trʲagə]
een volle maand (bw)	o lună întreagă	[o 'lunə ɨn'trʲagə]
maand-, maandelijks (bn)	lunar	[lu'nar]
maandelijks (bw)	în fiecare lună	[ɨn fie'kare 'lunə]
elke maand (bw)	fiecare lună	[fie'kare 'lunə]
twee keer per maand	de două ori pe lună	[de 'dowə orʲ pe 'lunə]
jaar (het)	an (m)	[an]
dit jaar (bw)	anul acesta	['anul a'tʃesta]
volgend jaar (bw)	anul viitor	['anul vii'tor]
vorig jaar (bw)	anul trecut	['anul tre'kut]
een jaar geleden (bw)	acum un an	[a'kum un an]
over een jaar	peste un an	['peste un an]
over twee jaar	peste doi ani	['peste doj anʲ]
het hele jaar	tot anul	[tot 'anul]
een vol jaar	un an întreg	[un an ɨn'treg]
elk jaar	în fiecare an	[ɨn fie'kare an]
jaar-, jaarlijks (bn)	anual	[anu'al]
jaarlijks (bw)	în fiecare an	[ɨn fie'kare an]
4 keer per jaar	de patru ori pe an	[de 'patru orʲ pe an]
datum (de)	dată (f)	['datə]
datum (de)	dată (f)	['datə]
kalender (de)	calendar (n)	[kalen'dar]
een half jaar	jumătate (f) de an	[ʒumə'tate de an]

27

zes maanden	jumătate (f) de an	[ʒumə'tate de an]
seizoen (bijv. lente, zomer)	sezon (n)	[se'zon]
eeuw (de)	veac (n)	[vʲak]

19. Tijd. Diversen

tijd (de)	timp (m)	[timp]
ogenblik (het)	clipă (f)	['klipə]
moment (het)	moment (n)	[mo'mənt]
ogenblikkelijk (bn)	momentan	[momen'tan]

tijdsbestek (het)	perioadă (f)	[perio'adə]
leven (het)	viață (f)	['vjaʦə]
eeuwigheid (de)	veşnicie (f)	[veʃni'ʧie]

epoche (de), tijdperk (het)	epocă (f)	[e'pokə]
era (de), tijdperk (het)	eră (f)	['erə]
cyclus (de)	ciclu (n)	['ʧiklu]
periode (de)	perioadă (f)	[perio'adə]
termijn (vastgestelde periode)	termen (n)	['termen]

toekomst (de)	viitor (n)	[vii'tor]
toekomstig (bn)	viitor	[vii'tor]
de volgende keer	data următoare	['data urməto'are]

verleden (het)	trecut (n)	[tre'kut]
vorig (bn)	trecut	[tre'kut]
de vorige keer	data trecută	['data tre'kutə]

later (bw)	mai târziu	[maj tir'zju]
na (~ het diner)	după	['dupə]
tegenwoordig (bw)	acum	[a'kum]
nu (bw)	acum	[a'kum]

onmiddellijk (bw)	imediat	[imedi'at]
snel (bw)	în curând	[in ku'rind]
bij voorbaat (bw)	în prealabil	[in prʲa'labil]

lang geleden (bw)	demult	[de'mult]
kort geleden (bw)	recent	[re'ʧent]
noodlot (het)	soartă (f)	[so'artə]
herinneringen (mv.)	memorie (f)	[me'morie]
archief (het)	arhivă (f)	[ar'hivə]

tijdens ... (ten tijde van)	în timpul ...	[in 'timpul]
lang (bw)	îndelung	[inde'lung]
niet lang (bw)	puțin timp	[pu'ʦin 'timp]

| vroeg (bijv. ~ in de ochtend) | devreme | [de'vreme] |
| laat (bw) | târziu | [tir'zju] |

voor altijd (bw)	pentru totdeauna	['pentru totdʲa'una]
beginnen (ww)	a începe	[a in'ʧepe]
uitstellen (ww)	a amâna	[a ami'na]

tegelijkertijd (bw)	concomitent	[konkomi'tent]
voortdurend (bw)	mereu	[me'reu]
voortdurend	permanent	[perma'nent]
tijdelijk (bn)	temporar	[tempo'rar]
soms (bw)	uneori	[une'orʲ]
zelden (bw)	rar	[rar]
vaak (bw)	adesea	[a'desʲa]

20. Tegenovergestelden

| rijk (bn) | bogat | [bo'gat] |
| arm (bn) | sărac | [sə'rak] |

| ziek (bn) | bolnav | [bol'nav] |
| gezond (bn) | sănătos | [sənə'tos] |

| groot (bn) | mare | ['mare] |
| klein (bn) | mic | [mik] |

| snel (bw) | repede | ['repede] |
| langzaam (bw) | încet | [ɨn'tʃet] |

| snel (bn) | rapid | [ra'pid] |
| langzaam (bn) | lent | [lent] |

| vrolijk (bn) | vesel | ['vesel] |
| treurig (bn) | trist | [trist] |

| samen (bw) | împreună | [ɨmpre'unə] |
| apart (bw) | separat | [sepa'rat] |

| hardop (~ lezen) | cu voce tare | [ku 'votʃe 'tare] |
| stil (~ lezen) | în gând | [ɨn gɨnd] |

| hoog (bn) | înalt | [ɨ'nalt] |
| laag (bn) | scund | [skund] |

| diep (bn) | adânc | [a'dɨnk] |
| ondiep (bn) | de adâncime mică | [de adɨn'tʃime 'mikə] |

| ja | da | [da] |
| nee | nu | [nu] |

| ver (bn) | îndepărtat | [ɨndepər'tat] |
| dicht (bn) | apropiat | [apropi'jat] |

| ver (bw) | departe | [de'parte] |
| dichtbij (bw) | aproape | [apro'ape] |

| lang (bn) | lung | [lung] |
| kort (bn) | scurt | [skurt] |

| vriendelijk (goedhartig) | bun | [bun] |
| kwaad (bn) | rău | ['rəu] |

gehuwd (mann.)	căsătorit	[kəsəto'rit]
ongehuwd (mann.)	celibatar (m)	[ʧeliba'tar]
verbieden (ww)	a interzice	[a inter'zitʃe]
toestaan (ww)	a permite	[a per'mite]
einde (het)	sfârşit (n)	[sfir'ʃit]
begin (het)	început (n)	[ɨnʧe'put]
linker (bn)	stâng	[stiŋg]
rechter (bn)	drept	[drept]
eerste (bn)	primul	['primul]
laatste (bn)	ultimul	['ultimul]
misdaad (de)	crimă (f)	['krimə]
bestraffing (de)	pedeapsă (f)	[pe'dʲapsə]
bevelen (ww)	a ordona	[a ordo'na]
gehoorzamen (ww)	a se supune	[a se su'pune]
recht (bn)	drept	[drept]
krom (bn)	strâmb	[strimb]
paradijs (het)	rai (n)	[raj]
hel (de)	iad (n)	[jad]
geboren worden (ww)	a se naşte	[a se 'naʃte]
sterven (ww)	a muri	[a mu'ri]
sterk (bn)	puternic	[pu'ternik]
zwak (bn)	slab	[slab]
oud (bn)	bătrân	[bə'trɨn]
jong (bn)	tânăr	['tɨnər]
oud (bn)	vechi	[vekʲ]
nieuw (bn)	nou	['nou]
hard (bn)	tare	['tare]
zacht (bn)	moale	[mo'ale]
warm (bn)	cald	[kald]
koud (bn)	rece	['reʧe]
dik (bn)	gras	[gras]
dun (bn)	slab	[slab]
smal (bn)	îngust	[ɨn'gust]
breed (bn)	lat	[lat]
goed (bn)	bun	[bun]
slecht (bn)	rău	['rəu]
moedig (bn)	curajos	[kura'ʒos]
laf (bn)	fricos	[fri'kos]

21. Lijnen en vormen

vierkant (het)	pătrat (n)	[pə'trat]
vierkant (bn)	pătrat	[pə'trat]
cirkel (de)	cerc (n)	[ʧerk]
rond (bn)	rotund	[ro'tund]
driehoek (de)	triunghi (n)	[tri'ungʲ]
driehoekig (bn)	triunghiular	[trjungju'lar]

ovaal (het)	oval (n)	[o'val]
ovaal (bn)	oval	[o'val]
rechthoek (de)	dreptunghi (n)	[drep'tungʲ]
rechthoekig (bn)	dreptunghiular	[dreptungju'lar]

piramide (de)	piramidă (f)	[pira'midə]
ruit (de)	romb (n)	[romb]
trapezium (het)	trapez (n)	[tra'pez]
kubus (de)	cub (n)	[kub]
prisma (het)	prismă (f)	['prizmə]

omtrek (de)	circumferință (f)	[ʧirkumfe'rinʦə]
bol, sfeer (de)	sferă (f)	['sferə]
bal (de)	sferă (f)	['sferə]
diameter (de)	diametru (n)	[di'ametru]
straal (de)	rază (f)	['razə]
omtrek (~ van een cirkel)	perimetru (n)	[peri'metru]
middelpunt (het)	centru (n)	['ʧentru]

horizontaal (bn)	orizontal	[orizon'tal]
verticaal (bn)	vertical	[verti'kal]
parallel (de)	paralelă (f)	[para'lelə]
parallel (bn)	paralel	[para'lel]

lijn (de)	linie (f)	['linie]
streep (de)	linie (f)	['linie]
rechte lijn (de)	dreaptă (f)	['drʲaptə]
kromme (de)	curbă (f)	['kurbə]
dun (bn)	subțire	[sub'ʦire]
omlijning (de)	contur (n)	[kon'tur]

snijpunt (het)	intersecție (f)	[inter'sekʦie]
rechte hoek (de)	unghi (n) drept	[ungʲ drept]
segment (het)	segment (n)	[seg'ment]
sector (de)	sector (n)	[sek'tor]
zijde (de)	latură (f)	['laturə]
hoek (de)	unghi (n)	[ungʲ]

22. Meeteenheden

gewicht (het)	greutate (f)	[greu'tate]
lengte (de)	lungime (f)	[lun'dʒime]
breedte (de)	lățime (f)	[lə'ʦime]
hoogte (de)	înălțime (f)	[inəl'ʦime]

diepte (de)	adâncime (f)	[adin'tʃime]
volume (het)	volum (n)	[vo'lum]
oppervlakte (de)	suprafață (f)	[supra'fatsə]

gram (het)	gram (n)	[gram]
milligram (het)	miligram (n)	[mili'gram]
kilogram (het)	kilogram (n)	[kilo'gram]
ton (duizend kilo)	tonă (f)	['tonə]
pond (het)	funt (m)	[funt]
ons (het)	uncie (f)	['untʃie]

meter (de)	metru (m)	['metru]
millimeter (de)	milimetru (m)	[mili'metru]
centimeter (de)	centimetru (m)	[tʃenti'metru]
kilometer (de)	kilometru (m)	[kilo'metru]
mijl (de)	milă (f)	['milə]

duim (de)	țol (m)	[tsol]
voet (de)	picior (m)	[pi'tʃior]
yard (de)	yard (m)	[jard]

vierkante meter (de)	metru (m) pătrat	['metru pə'trat]
hectare (de)	hectar (n)	[hek'tar]

liter (de)	litru (m)	['litru]
graad (de)	grad (n)	[grad]
volt (de)	volt (m)	[volt]
ampère (de)	amper (m)	[am'per]
paardenkracht (de)	cal-putere (m)	[kal pu'tere]

hoeveelheid (de)	cantitate (f)	[kanti'tate]
een beetje …	puțin …	[pu'tsin]
helft (de)	jumătate (f)	[ʒumə'tate]
dozijn (het)	duzină (f)	[du'zinə]
stuk (het)	bucată (f)	[bu'katə]

afmeting (de)	dimensiune (f)	[dimensi'une]
schaal (bijv. ~ van 1 op 50)	proporție (f)	[pro'portsie]

minimaal (bn)	minim	['minim]
minste (bn)	cel mai mic	[tʃel maj mik]
medium (bn)	de, din mijloc	[de, din 'miʒlok]
maximaal (bn)	maxim	['maksim]
grootste (bn)	cel mai mare	[tʃel maj 'mare]

23. Containers

glazen pot (de)	borcan (n)	[bor'kan]
blik (conserven~)	cutie (f)	[ku'tie]
emmer (de)	găleată (f)	[gə'lʲatə]
ton (bijv. regenton)	butoi (n)	[bu'toj]

ronde waterbak (de)	lighean (n)	[li'gʲan]
tank (bijv. watertank-70-ltr)	rezervor (n)	[rezer'vor]

heupfles (de)	damigeană (f)	[dami'dʒanə]
jerrycan (de)	canistră (f)	[ka'nistrə]
tank (bijv. ketelwagen)	cisternă (f)	[ʧis'ternə]

beker (de)	cană (f)	['kanə]
kopje (het)	ceaşcă (f)	['ʧaʃkə]
schoteltje (het)	farfurioară (f)	[farfurio'arə]
glas (het)	pahar (n)	[pa'har]
wijnglas (het)	cupă (f)	['kupə]
pan (de)	cratiţă (f)	['kratitsə]

| fles (de) | sticlă (f) | ['stiklə] |
| flessenhals (de) | gâtul (n) sticlei | ['gɨtul 'stiklej] |

karaf (de)	garafă (f)	[ga'rafə]
kruik (de)	ulcior (n)	[ul'ʧior]
vat (het)	vas (n)	[vas]
pot (de)	oală (f)	[o'alə]
vaas (de)	vază (f)	['vazə]

flacon (de)	flacon (n)	[fla'kon]
flesje (het)	sticluţă (f)	[sti'klutsə]
tube (bijv. ~ tandpasta)	tub (n)	[tub]

zak (bijv. ~ aardappelen)	sac (m)	[sak]
tasje (het)	pachet (n)	[pa'ket]
pakje (~ sigaretten, enz.)	pachet (n)	[pa'ket]

doos (de)	cutie (f)	[ku'tie]
kist (de)	ladă (f)	['ladə]
mand (de)	coş (n)	[koʃ]

24. Materialen

materiaal (het)	material (n)	[materi'al]
hout (het)	lemn (n)	[lemn]
houten (bn)	de, din lemn	[de, din lemn]

| glas (het) | sticlă (f) | ['stiklə] |
| glazen (bn) | de, din sticlă | [de, din 'stiklə] |

| steen (de) | piatră (f) | ['pjatrə] |
| stenen (bn) | de, din piatră | [de, din 'pjatrə] |

| plastic (het) | masă (f) plastică | ['masə 'plastikə] |
| plastic (bn) | de, din masă plastică | [de, din 'masə 'plastikə] |

| rubber (het) | cauciuc (n) | [kau'ʧuk] |
| rubber-, rubberen (bn) | de, din cauciuc | [de, din kau'ʧiuk] |

stof (de)	ţesătură (f)	[tsesə'turə]
van stof (bn)	de, din ţesătură	[de, din tsesə'turə]
papier (het)	hârtie (f)	[hɨr'tie]
papieren (bn)	de, din hârtie	[de, din hɨr'tie]

| karton (het) | carton (n) | [kar'ton] |
| kartonnen (bn) | de, din carton | [de, din kar'ton] |

polyethyleen (het)	polietilenă (f)	[polieti'lenə]
cellofaan (het)	celofan (n)	[t͡ʃelo'fan]
multiplex (het)	furnir (n)	[fur'nir]

porselein (het)	porțelan (n)	[portse'lan]
porseleinen (bn)	de, din porțelan	[de, din portse'lan]
klei (de)	argilă (f)	[ar'dʒilə]
klei-, van klei (bn)	de lut	[de 'lut]
keramiek (de)	ceramică (f)	[t͡ʃe'ramikə]
keramieken (bn)	de, din ceramică	[de, din t͡ʃe'ramikə]

25. Metalen

metaal (het)	metal (n)	[me'tal]
metalen (bn)	de, din metal	[de, din me'tal]
legering (de)	aliaj (n)	[a'ljaʒ]

goud (het)	aur (n)	['aur]
gouden (bn)	de, din aur	[de, din 'aur]
zilver (het)	argint (n)	[ar'dʒint]
zilveren (bn)	de, din argint	[de, din ar'dʒint]

ijzer (het)	fier (n)	[fier]
ijzeren	de, din fier	[de, din 'fjer]
staal (het)	oțel (n)	[o'tsel]
stalen (bn)	de, din oțel	[de, din o'tsel]
koper (het)	cupru (n)	['kupru]
koperen (bn)	de, din cupru	[de, din 'kupru]

aluminium (het)	aluminiu (n)	[alu'miniu]
aluminium (bn)	de, din aluminiu	[de, din alu'miniu]
brons (het)	bronz (n)	[bronz]
bronzen (bn)	de, din bronz	[de, din bronz]

messing (het)	alamă (f)	[a'lamə]
nikkel (het)	nichel (n)	['nikel]
platina (het)	platină (f)	['platinə]
kwik (het)	mercur (n)	[mer'kur]
tin (het)	cositor (n)	[kosi'tor]
lood (het)	plumb (n)	[plumb]
zink (het)	zinc (n)	[zink]

MENS

Mens. Het lichaam

26. Mensen. Basisbegrippen

mens (de)	om (m)	[om]
man (de)	bărbat (m)	[bər'bat]
vrouw (de)	femeie (f)	[fe'meje]
kind (het)	copil (m)	[ko'pil]
meisje (het)	fată (f)	['fatə]
jongen (de)	băiat (m)	[bə'jat]
tiener, adolescent (de)	adolescent (m)	[adoles'tʃent]
oude man (de)	bătrân (m)	[bə'trin]
oude vrouw (de)	bătrână (f)	[bə'trinə]

27. Menselijke anatomie

organisme (het)	organism (n)	[orga'nizm]
hart (het)	inimă (f)	['inimə]
bloed (het)	sânge (n)	['sindʒe]
slagader (de)	arteră (f)	[ar'terə]
ader (de)	venă (f)	['venə]
hersenen (mv.)	creier (m)	['krejer]
zenuw (de)	nerv (m)	[nerv]
zenuwen (mv.)	nervi (m pl)	[nervʲ]
wervel (de)	vertebră (f)	[ver'tebrə]
ruggengraat (de)	coloană (f) vertebrală	[kolo'anə verte'bralə]
maag (de)	stomac (n)	[sto'mak]
darmen (mv.)	intestin (n)	[intes'tin]
darm (de)	intestin (n)	[intes'tin]
lever (de)	ficat (m)	[fi'kat]
nier (de)	rinichi (m)	[ri'nikʲ]
been (deel van het skelet)	os (n)	[os]
skelet (het)	schelet (n)	[ske'let]
rib (de)	coastă (f)	[ko'astə]
schedel (de)	craniu (n)	['kranju]
spier (de)	muşchi (m)	[muʃkʲ]
biceps (de)	biceps (m)	['bitʃeps]
triceps (de)	triceps (m)	['tritʃeps]
pees (de)	tendon (n)	[ten'don]
gewricht (het)	încheietură (f)	[inkeje'turə]

35

longen (mv.)	plămâni (m pl)	[plə'minʲ]
geslachtsorganen (mv.)	organe (n pl) genitale	[or'gane dʒeni'tale]
huid (de)	piele (f)	['pjele]

28. Hoofd

hoofd (het)	cap (n)	[kap]
gezicht (het)	față (f)	['fatsə]
neus (de)	nas (n)	[nas]
mond (de)	gură (f)	['gurə]

oog (het)	ochi (m)	[okʲ]
ogen (mv.)	ochi (m pl)	[okʲ]
pupil (de)	pupilă (f)	[pu'pilə]
wenkbrauw (de)	sprânceană (f)	[sprin'tʃanə]
wimper (de)	geană (f)	['dʒanə]
ooglid (het)	pleoapă (f)	[pleo'apə]

tong (de)	limbă (f)	['limbə]
tand (de)	dinte (m)	['dinte]
lippen (mv.)	buze (f pl)	['buze]
jukbeenderen (mv.)	pomeți (m pl)	[po'metsʲ]
tandvlees (het)	gingie (f)	[dʒin'dʒie]
gehemelte (het)	palat (n)	[pa'lat]

neusgaten (mv.)	nări (f pl)	[nərʲ]
kin (de)	bărbie (f)	[bər'bie]
kaak (de)	maxilar (n)	[maksi'lar]
wang (de)	obraz (m)	[o'braz]

voorhoofd (het)	frunte (f)	['frunte]
slaap (de)	tâmplă (f)	['timplə]
oor (het)	ureche (f)	[u'reke]
achterhoofd (het)	ceafă (f)	['tʃafə]
hals (de)	gât (n)	[git]
keel (de)	gât (n)	[git]

haren (mv.)	păr (m)	[pər]
kapsel (het)	coafură (f)	[koa'furə]
haarsnit (de)	tunsoare (f)	[tunso'are]
pruik (de)	perucă (f)	[pe'rukə]

snor (de)	mustăți (f pl)	[mus'tətsʲ]
baard (de)	barbă (f)	['barbə]
dragen (een baard, enz.)	a purta	[a pur'ta]
vlecht (de)	cosiță (f)	[ko'sitsə]
bakkebaarden (mv.)	favoriți (m pl)	[favo'ritsʲ]

ros (roodachtig, rossig)	roşcat	[roʃ'kat]
grijs (~ haar)	cărunt	[kə'runt]
kaal (bn)	chel	[kel]
kale plek (de)	chelie (f)	[ke'lie]
paardenstaart (de)	coadă (f)	[ko'adə]
pony (de)	breton (n)	[bre'ton]

29. Menselijk lichaam

hand (de)	mână (f)	['mɨnə]
arm (de)	braţ (n)	[braʦ]

vinger (de)	deget (n)	['dedʒet]
duim (de)	degetul (n) mare	['dedʒetul 'mare]
pink (de)	degetul (n) mic	['dedʒetul mik]
nagel (de)	unghie (f)	['ungie]

vuist (de)	pumn (m)	[pumn]
handpalm (de)	palmă (f)	['palmə]
pols (de)	încheietura (f) mâinii	[inkeje'tura 'mɨnij]
voorarm (de)	antebraţ (n)	[ante'braʦ]
elleboog (de)	cot (n)	[kot]
schouder (de)	umăr (m)	['umər]

been (rechter ~)	picior (n)	[pi'ʧior]
voet (de)	talpă (f)	['talpə]
knie (de)	genunchi (n)	[dʒe'nunkʲ]
kuit (de)	pulpă (f)	['pulpə]
heup (de)	coapsă (f)	[ko'apsə]
hiel (de)	călcâi (n)	[kəl'kij]

lichaam (het)	corp (n)	[korp]
buik (de)	burtă (f)	['burtə]
borst (de)	piept (n)	[pjept]
borst (de)	sân (m)	[sin]
zijde (de)	coastă (f)	[ko'astə]
rug (de)	spate (n)	['spate]
lage rug (de)	regiune (f) lombară	[redʒi'une lom'barə]
taille (de)	talie (f)	['talie]

navel (de)	buric (n)	[bu'rik]
billen (mv.)	fese (f pl)	['fese]
achterwerk (het)	şezut (n)	[ʃə'zut]

huidvlek (de)	aluniţă (f)	[alu'niʦə]
moedervlek (de)	semn (n) din naştere	[semn din 'naʃtere]
tatoeage (de)	tatuaj (n)	[tatu'aʒ]
litteken (het)	cicatrice (f)	[ʧika'triʧe]

Kleding en accessoires

30. Bovenkleding. Jassen

kleren (mv.)	îmbrăcăminte (f)	[imbrəkə'minte]
bovenkleding (de)	haină (f)	['hajnə]
winterkleding (de)	îmbrăcăminte (f) de iarnă	[imbrəkə'minte də 'jarnə]
jas (de)	palton (n)	[pal'ton]
bontjas (de)	şubă (f)	['ʃubə]
bontjasje (het)	scurtă (f) îmblănită	['skurtə imblə'nitə]
donzen jas (de)	scurtă (f) de puf	['skurtə də 'puf]
jasje (bijv. een leren ~)	scurtă (f)	['skurtə]
regenjas (de)	trenci (f)	[trenʧi]
waterdicht (bn)	impermeabil (n)	[imperme'abil]

31. Heren & dames kleding

overhemd (het)	cămaşă (f)	[kə'maʃə]
broek (de)	pantaloni (m pl)	[panta'loni]
jeans (de)	blugi (m pl)	[bluʤi]
colbert (de)	sacou (n)	[sa'kou]
kostuum (het)	costum (n)	[kos'tum]
jurk (de)	rochie (f)	['rokie]
rok (de)	fustă (f)	['fustə]
blouse (de)	bluză (f)	['bluzə]
wollen vest (de)	jachetă (f) tricotată	[ʒa'ketə triko'tatə]
blazer (kort jasje)	jachetă (f)	[ʒa'ketə]
T-shirt (het)	tricou (n)	[tri'kou]
shorts (mv.)	şorturi (n pl)	['ʃorturi]
trainingspak (het)	costum (n) sportiv	[kos'tum spor'tiv]
badjas (de)	halat (n)	[ha'lat]
pyjama (de)	pijama (f)	[piʒa'ma]
sweater (de)	sveter (n)	['sveter]
pullover (de)	pulover (n)	[pu'lover]
gilet (het)	vestă (f)	['vestə]
rokkostuum (het)	frac (n)	[frak]
smoking (de)	smoching (n)	['smoking]
uniform (het)	uniformă (f)	[uni'formə]
werkkleding (de)	haină (f) de lucru	['hajnə də 'lukru]
overall (de)	salopetă (f)	[salo'petə]
doktersjas (de)	halat (n)	[ha'lat]

32. Kleding. Ondergoed

ondergoed (het)	lenjerie (f) de corp	[lenʒe'rie de 'korp]
onderhemd (het)	maiou (n)	[ma'jou]
sokken (mv.)	şosete (f pl)	[ʃo'sete]
nachthemd (het)	cămaşă (f) de noapte	[kə'maʃe de no'apte]
beha (de)	sutien (n)	[su'tjen]
kniekousen (mv.)	ciorapi (m pl)	[tʃio'rapʲ]
panty (de)	ciorapi pantalon (m pl)	[tʃio'rapʲ panta'lon]
nylonkousen (mv.)	ciorapi (m pl)	[tʃio'rapʲ]
badpak (het)	costum (n) de baie	[kos'tum de 'bae]

33. Hoofddeksels

hoed (de)	căciulă (f)	[kə'tʃiule]
deukhoed (de)	pălărie (f)	[pələ'rie]
honkbalpet (de)	şapcă (f)	['ʃapkə]
kleppet (de)	chipiu (n)	[ki'pju]
baret (de)	beretă (f)	[be'retə]
kap (de)	glugă (f)	['glugə]
panamahoed (de)	panama (f)	[pana'ma]
gebreide muts (de)	căciulă (f) împletită	[kə'tʃiule imple'titə]
hoofddoek (de)	basma (f)	[bas'ma]
dameshoed (de)	pălărie (f) de damă	[pələ'rie de 'damə]
veiligheidshelm (de)	cască (f)	['kaskə]
veldmuts (de)	bonetă (f)	[bo'netə]
helm, valhelm (de)	coif (n)	[kojf]
bolhoed (de)	pălărie (f)	[pələ'rie]
hoge hoed (de)	joben (n)	[ʒo'ben]

34. Schoeisel

schoeisel (het)	încălţăminte (f)	[inkəltse'minte]
schoenen (mv.)	ghete (f pl)	['gete]
vrouwenschoenen (mv.)	pantofi (m pl)	[pan'tofʲ]
laarzen (mv.)	cizme (f pl)	['tʃizme]
pantoffels (mv.)	şlapi (m pl)	[ʃlapʲ]
sportschoenen (mv.)	adidaşi (m pl)	[a'didaʃ]
sneakers (mv.)	tenişi (m pl)	['teniʃ]
sandalen (mv.)	sandale (f pl)	[san'dale]
schoenlapper (de)	cizmar (m)	[tʃiz'mar]
hiel (de)	toc (n)	[tok]
paar (een ~ schoenen)	pereche (f)	[pe'reke]
veter (de)	şiret (n)	[ʃi'ret]

39

rijgen (schoenen ~)	a şnurui	[a ʃnuru'i]
schoenlepel (de)	lingură (f) pentru pantofi	['lingurə 'pentru pan'tofi]
schoensmeer (de/het)	cremă (f) de ghete	['kremə de 'gete]

35. Textiel. Weefsel

katoen (de/het)	bumbac (m)	[bum'bak]
katoenen (bn)	de, din bumbac	[de, din bum'bak]
vlas (het)	in (n)	[in]
vlas-, van vlas (bn)	de, din in	[de, din in]

zijde (de)	mătase (f)	[mə'tase]
zijden (bn)	de, din mătase	[de, din mə'tase]
wol (de)	lână (f)	['linə]
wollen (bn)	de, din lână	[de, din 'linə]

fluweel (het)	catifea (f)	[kati'fʲa]
suède (de)	piele (f) întoarsă	['pjele into'arsə]
ribfluweel (het)	țesătură de bumbac catifelată (f)	[tsesə'turə de bum'bak katife'latə]

nylon (de/het)	nailon (n)	[naj'lon]
nylon-, van nylon (bn)	de, din nailon	[de, din naj'lon]
polyester (het)	poliester (n)	[polies'ter]
polyester- (abn)	de, din poliester	[de, din polies'ter]

leer (het)	piele (f)	['pjele]
leren (van leer gemaak)	de, din piele	[de, din 'pjele]
bont (het)	blană (f)	['blanə]
bont- (abn)	de, din blană	[de, din 'blanə]

36. Persoonlijke accessoires

handschoenen (mv.)	mănuşi (f pl)	[mə'nuʃ]
wanten (mv.)	mănuşi (f pl) cu un singur deget	[mə'nuʃ ku un 'singur 'dedʒet]
sjaal (fleece ~)	fular (m)	[fu'lar]

bril (de)	ochelari (m pl)	[oke'larʲ]
brilmontuur (het)	ramă (f)	['ramə]
paraplu (de)	umbrelă (f)	[um'brelə]
wandelstok (de)	baston (n)	[bas'ton]
haarborstel (de)	perie (f) de păr	[pe'rie de pər]
waaier (de)	evantai (n)	[evan'taj]

das (de)	cravată (f)	[kra'vatə]
strikje (het)	papion (n)	[papi'on]
bretels (mv.)	bretele (f pl)	[bre'tele]
zakdoek (de)	batistă (f)	[ba'tistə]

| kam (de) | pieptene (m) | ['pjeptəne] |
| haarspeldje (het) | agrafă (f) | [a'grafə] |

| schuifspeldje (het) | ac (n) de păr | [ak de pər] |
| gesp (de) | cataramă (f) | [kata'ramə] |

| broekriem (de) | cordon (n) | [kor'don] |
| draagriem (de) | curea (f) | [ku'rʲa] |

handtas (de)	geantă (f)	['dʒantə]
damestas (de)	poşetă (f)	[po'ʃetə]
rugzak (de)	rucsac (n)	[ruk'sak]

37. Kleding. Diversen

mode (de)	modă (f)	['modə]
de mode (bn)	la modă	[la 'modə]
kledingstilist (de)	modelier (n)	[mode'ljer]

kraag (de)	guler (n)	['guler]
zak (de)	buzunar (n)	[buzu'nar]
zak- (abn)	de buzunar	[de buzu'nar]
mouw (de)	mânecă (f)	['mɨnekə]
lusje (het)	gaică (f)	['gajkə]
gulp (de)	şliţ (n)	[ʃlits]

rits (de)	fermoar (n)	[fermo'ar]
sluiting (de)	capsă (f)	['kapsə]
knoop (de)	nasture (m)	['nasture]
knoopsgat (het)	butonieră (f)	[buto'njerə]
losraken (bijv. knopen)	a se rupe	[a se 'rupe]

naaien (kleren, enz.)	a coase	[a ko'ase]
borduren (ww)	a broda	[a bro'da]
borduursel (het)	broderie (f)	[brode'rie]
naald (de)	ac (n)	[ak]
draad (de)	aţă (f)	['atsə]
naad (de)	cusătură (f)	[kusə'turə]

vies worden (ww)	a se murdări	[a se murdə'ri]
vlek (de)	pată (f)	['patə]
gekreukt raken (ov. kleren)	a se şifona	[a se ʃifo'na]
scheuren (ov.ww.)	a rupe	[a 'rupe]
mot (de)	molie (f)	['molie]

38. Persoonlijke verzorging. Schoonheidsmiddelen

tandpasta (de)	pastă (f) de dinţi	['pastə de dintsʲ]
tandenborstel (de)	periuţă (f) de dinţi	[peri'utsə de dintsʲ]
tanden poetsen (ww)	a se spăla pe dinţi	[a se spə'la pe dintsʲ]

scheermes (het)	brici (n)	['britʃi]
scheerschuim (het)	cremă (f) de bărbierit	['kremə de bərbie'rit]
zich scheren (ww)	a se bărbieri	[a se bərbie'ri]
zeep (de)	săpun (n)	[sə'pun]

shampoo (de)	şampon (n)	[ʃam'pon]
schaar (de)	foarfece (n)	[fo'arfetʃe]
nagelvijl (de)	pilă (f) de unghii	['pilə de 'ungij]
nagelknipper (de)	cleştişor (n)	[kleʃti'ʃor]
pincet (het)	pensetă (f)	[pen'setə]

cosmetica (mv.)	cosmetică (f)	[kos'metikə]
masker (het)	mască (f)	['maskə]
manicure (de)	manichiură (f)	[mani'kjurə]
manicure doen	a face manichiura	[a 'fatʃe mani'kjura]
pedicure (de)	pedichiură (f)	[pedi'kjurə]

cosmetica tasje (het)	trusă (f) de cosmetică	['trusə de kos'metikə]
poeder (de/het)	pudră (f)	['pudrə]
poederdoos (de)	pudrieră (f)	[pudri'erə]
rouge (de)	fard de obraz (n)	[fard de o'braz]

parfum (de/het)	parfum (n)	[par'fum]
eau de toilet (de)	apă de toaletă (f)	['apə de toa'letə]
lotion (de)	loţiune (f)	[lotsi'une]
eau de cologne (de)	colonie (f)	[ko'lonie]

oogschaduw (de)	fard (n) de pleoape	[fard 'pentru pleo'ape]
oogpotlood (het)	creion (n) de ochi	[kre'jon 'pentru okʲ]
mascara (de)	rimel (n)	[ri'mel]

lippenstift (de)	ruj (n)	[ruʒ]
nagellak (de)	ojă (f)	['oʒə]
haarlak (de)	gel (n) de păr	[dʒel de pər]
deodorant (de)	deodorant (n)	[deodo'rant]

crème (de)	cremă (f)	['kremə]
gezichtscrème (de)	cremă (f) de faţă	['kremə de 'fatsə]
handcrème (de)	cremă (f) pentru mâini	['kremə 'pentru minʲ]
antirimpelcrème (de)	cremă (f) anti-rid	['kremə 'anti rid]
dag- (abn)	de zi	[de zi]
nacht- (abn)	de noapte	[de no'apte]

tampon (de)	tampon (n)	[tam'pon]
toiletpapier (het)	hârtie (f) igienică	[hir'tie idʒi'enikə]
föhn (de)	uscător (n) de păr	[uskə'tor de pər]

39. Juwelen

sieraden (mv.)	giuvaeruri (n pl)	[dʒiuva'erurʲ]
edel (bijv. ~ stenen)	preţios	[pretsi'os]
keurmerk (het)	marcă (f)	['markə]

ring (de)	inel (n)	[i'nel]
trouwring (de)	verighetă (f)	[veri'getə]
armband (de)	brăţară (f)	[brə'tsarə]

| oorringen (mv.) | cercei (m pl) | [tʃer'tʃej] |
| halssnoer (het) | colier (n) | [ko'ljer] |

kroon (de)	coroană (f)	[koro'anə]
kralen snoer (het)	mărgele (f pl)	[mər'dʒele]

diamant (de)	briliant (n)	[brili'ant]
smaragd (de)	smarald (n)	[sma'rald]
robijn (de)	rubin (n)	[ru'bin]
saffier (de)	safir (n)	[sa'fir]
parel (de)	perlă (f)	['perlə]
barnsteen (de)	chihlimbar (n)	[kihlim'bar]

40. Horloges. Klokken

polshorloge (het)	ceas (n) de mână	[tʃas de 'minə]
wijzerplaat (de)	cadran (n)	[ka'dran]
wijzer (de)	acul (n) ceasornicului	['akul tʃasor'nikuluj]
metalen horlogeband (de)	brăţară (f)	[brə'tsarə]
horlogebandje (het)	curea (f)	[ku'rʲa]

batterij (de)	baterie (f)	[bate'rie]
leeg zijn (ww)	a se termina	[a se termi'na]
batterij vervangen	a schimba bateria	[a skim'ba bate'rija]
voorlopen (ww)	a merge înainte	[a 'merdʒe ina'inte]
achterlopen (ww)	a rămâne în urmă	[a rə'mine in 'urmə]

wandklok (de)	pendulă (f)	[pen'dulə]
zandloper (de)	clepsidră (f)	[klep'sidrə]
zonnewijzer (de)	cadran (n) solar	[ka'dran so'lar]
wekker (de)	ceas (n) deşteptător	[tʃas deʃteptə'tor]
horlogemaker (de)	ceasornicar (m)	[tʃasorni'kar]
repareren (ww)	a repara	[a repa'ra]

43

Voedsel. Voeding

41. Voedsel

vlees (het)	carne (f)	['karne]
kip (de)	carne (f) de găină	['karne de gə'inə]
kuiken (het)	carne (f) de pui	['karne de puj]
eend (de)	carne (f) de rață	['karne de 'ratsə]
gans (de)	carne (f) de gâscă	['karne de 'giskə]
wild (het)	vânat (n)	[vi'nat]
kalkoen (de)	carne (f) de curcan	['karne de 'kurkan]

varkensvlees (het)	carne (f) de porc	['karne de pork]
kalfsvlees (het)	carne (f) de vițel	['karne de vi'tsel]
schapenvlees (het)	carne (f) de berbec	['karne de ber'bek]
rundvlees (het)	carne (f) de vită	['karne de 'vitə]
konijnenvlees (het)	carne (f) de iepure de casă	['karne de 'epure de 'kasə]

worst (de)	salam (n)	[sa'lam]
saucijs (de)	crenvurșt (n)	[kren'vurʃt]
spek (het)	costiță (f) afumată	[kos'titsə afu'matə]
ham (de)	șuncă (f)	['ʃunkə]
gerookte achterham (de)	pulpă (f)	['pulpə]

paté (de)	pateu (n)	[pa'teu]
lever (de)	ficat (m)	[fi'kat]
gehakt (het)	carne (f) tocată	['karne to'katə]
tong (de)	limbă (f)	['limbə]

ei (het)	ou (n)	['ow]
eieren (mv.)	ouă (n pl)	['owə]
eiwit (het)	albuș (n)	[al'buʃ]
eigeel (het)	gălbenuș	[gəlbe'nuʃ]

vis (de)	pește (m)	['peʃte]
zeevruchten (mv.)	produse (n pl) marine	[pro'duse ma'rine]
kaviaar (de)	icre (f pl) de pește	['ikre de 'peʃte]

krab (de)	crab (m)	[krab]
garnaal (de)	crevetă (f)	[kre'vetə]
oester (de)	stridie (f)	['stridie]
langoest (de)	langustă (f)	[lan'gustə]
octopus (de)	caracatiță (f)	[kara'katitsə]
inktvis (de)	calmar (m)	[kal'mar]

steur (de)	carne (f) de nisetru	['karne de ni'setru]
zalm (de)	somon (m)	[so'mon]
heilbot (de)	calcan (m)	[kal'kan]
kabeljauw (de)	batog (m)	[ba'tog]
makreel (de)	macrou (n)	[ma'krou]

tonijn (de)	ton (m)	[ton]
paling (de)	țipar (m)	[tsi'par]

forel (de)	păstrăv (m)	[pəs'trəv]
sardine (de)	sardea (f)	[sar'dia]
snoek (de)	știucă (f)	['ʃtjukə]
haring (de)	scrumbie (f)	[skrum'bie]

brood (het)	pâine (f)	['pine]
kaas (de)	cașcaval (n)	['brinzə]
suiker (de)	zahăr (n)	['zahər]
zout (het)	sare (f)	['sare]

rijst (de)	orez (n)	[o'rez]
pasta (de)	paste (f pl)	['paste]
noedels (mv.)	tăiței (m)	[təi'tsej]

boter (de)	unt (n)	['unt]
plantaardige olie (de)	ulei (n) vegetal	[u'lej vedʒe'tal]
zonnebloemolie (de)	ulei (n) de floarea-soarelui	[u'lej de flo'aria so'areluj]
margarine (de)	margarină (f)	[marga'rinə]

olijven (mv.)	olive (f pl)	[o'live]
olijfolie (de)	ulei (n) de măsline	[u'lej de məs'line]

melk (de)	lapte (n)	['lapte]
gecondenseerde melk (de)	lapte (n) condensat	['lapte konden'sat]
yoghurt (de)	iaurt (n)	[ja'urt]
zure room (de)	smântână (f)	[smɨn'tɨnə]
room (de)	frișcă (f)	['friʃkə]

mayonaise (de)	maioneză (f)	[majo'nezə]
crème (de)	cremă (f)	['kremə]

graan (het)	crupe (f pl)	['krupe]
meel (het), bloem (de)	făină (f)	[fə'inə]
conserven (mv.)	conserve (f pl)	[kon'serve]

maïsvlokken (mv.)	fulgi (m pl) de porumb	['fuldʒi de po'rumb]
honing (de)	miere (f)	['mjere]
jam (de)	gem (n)	[dʒem]
kauwgom (de)	gumă (f) de mestecat	['gumə de meste'kat]

42. Drankjes

water (het)	apă (f)	['apə]
drinkwater (het)	apă (f) potabilă	['apə po'tabilə]
mineraalwater (het)	apă (f) minerală	['apə mine'ralə]

zonder gas	necarbogazoasă	[nekarbogazo'asə]
koolzuurhoudend (bn)	carbogazoasă	[karbogazo'asə]
bruisend (bn)	gazoasă	[gazo'asə]
ijs (het)	gheață (f)	['giatsə]
met ijs	cu gheață	[ku 'giatsə]

alcohol vrij (bn)	fără alcool	['fərə alko'ol]
alcohol vrije drank (de)	băutură (f) fără alcool	[bəu'turə fərə alko'ol]
frisdrank (de)	băutură (f) răcoritoare	[bəu'turə rəkorito'are]
limonade (de)	limonadă (f)	[limo'nadə]
alcoholische dranken (mv.)	băuturi (f pl) alcoolice	[bəu'turi alko'olitʃe]
wijn (de)	vin (n)	[vin]
witte wijn (de)	vin (n) alb	[vin alb]
rode wijn (de)	vin (n) roşu	[vin 'roʃu]
likeur (de)	lichior (n)	[li'kør]
champagne (de)	şampanie (f)	[ʃam'panie]
vermout (de)	vermut (n)	[ver'mut]
whisky (de)	whisky (n)	['wiski]
wodka (de)	votcă (f)	['votkə]
gin (de)	gin (n)	[dʒin]
cognac (de)	coniac (n)	[ko'njak]
rum (de)	rom (n)	[rom]
koffie (de)	cafea (f)	[ka'fʲa]
zwarte koffie (de)	cafea (f) neagră	[ka'fʲa 'nʲagrə]
koffie (de) met melk	cafea (f) cu lapte	[ka'fʲa ku 'lapte]
cappuccino (de)	cafea (f) cu frişcă	[ka'fʲa ku 'friʃkə]
oploskoffie (de)	cafea (f) solubilă	[ka'fʲa so'lubilə]
melk (de)	lapte (n)	['lapte]
cocktail (de)	cocteil (n)	[kok'tejl]
milkshake (de)	cocteil (n) din lapte	[kok'tejl din 'lapte]
sap (het)	suc (n)	[suk]
tomatensap (het)	suc (n) de roşii	[suk de 'roʃij]
sinaasappelsap (het)	suc (n) de portocale	[suk de porto'kale]
vers geperst sap (het)	suc (n) natural	[suk natu'ral]
bier (het)	bere (f)	['bere]
licht bier (het)	bere (f) blondă	['bere 'blondə]
donker bier (het)	bere (f) brună	['bere 'brunə]
thee (de)	ceai (n)	[tʃaj]
zwarte thee (de)	ceai (n) negru	[tʃaj 'negru]
groene thee (de)	ceai (n) verde	[tʃaj 'verde]

43. Groenten

groenten (mv.)	legume (f pl)	[le'gume]
verse kruiden (mv.)	verdeaţă (f)	[ver'dʲatsə]
tomaat (de)	roşie (f)	['roʃie]
augurk (de)	castravete (m)	[kastra'vete]
wortel (de)	morcov (m)	['morkov]
aardappel (de)	cartof (m)	[kar'tof]
ui (de)	ceapă (f)	['tʃapə]
knoflook (de)	usturoi (m)	[ustu'roj]

kool (de)	varză (f)	['varzə]
bloemkool (de)	conopidă (f)	[kono'pidə]
spruitkool (de)	varză (f) de Bruxelles	['varzə de bruk'sel]
broccoli (de)	broccoli (m)	['brokoli]

rode biet (de)	sfeclă (f)	['sfeklə]
aubergine (de)	pătlăgea (f) vânătă	[pətle'dʒʲa 'vinətə]
courgette (de)	dovlecel (m)	[dovle'tʃel]
pompoen (de)	dovleac (m)	[dov'lʲak]
raap (de)	nap (m)	[nap]

peterselie (de)	pătrunjel (m)	[pətrun'ʒel]
dille (de)	mărar (m)	[mə'rar]
sla (de)	salată (f)	[sa'latə]
selderij (de)	ţelină (f)	['tselinə]
asperge (de)	sparanghel (m)	[sparan'gel]
spinazie (de)	spanac (n)	[spa'nak]

erwt (de)	mazăre (f)	['mazəre]
bonen (mv.)	boabe (f pl)	[bo'abe]
maïs (de)	porumb (m)	[po'rumb]
nierboon (de)	fasole (f)	[fa'sole]

peper (de)	piper (m)	[pi'per]
radijs (de)	ridiche (f)	[ri'dike]
artisjok (de)	anghinare (f)	[angi'nare]

44. Vruchten. Noten

vrucht (de)	fruct (n)	[frukt]
appel (de)	măr (n)	[mər]
peer (de)	pară (f)	['parə]
citroen (de)	lămâie (f)	[lə'mie]
sinaasappel (de)	portocală (f)	[porto'kalə]
aardbei (de)	căpşună (f)	[kəp'ʃunə]

mandarijn (de)	mandarină (f)	[manda'rinə]
pruim (de)	prună (f)	['prunə]
perzik (de)	piersică (f)	['pjersikə]
abrikoos (de)	caisă (f)	[ka'isə]
framboos (de)	zmeură (f)	['zmeurə]
ananas (de)	ananas (m)	[ana'nas]

banaan (de)	banană (f)	[ba'nanə]
watermeloen (de)	pepene (m) verde	['pepene 'verde]
druif (de)	struguri (m pl)	['strugurʲ]
zure kers (de)	vişină (f)	['viʃinə]
zoete kers (de)	cireaşă (f)	[tʃi'rʲaʃe]
meloen (de)	pepene (m) galben	['pepene 'galben]

grapefruit (de)	grepfrut (n)	['grepfrut]
avocado (de)	avocado (n)	[avo'kado]
papaja (de)	papaia (f)	[pa'paja]
mango (de)	mango (n)	['mango]

granaatappel (de)	rodie (f)	['rodie]
rode bes (de)	coacăză (f) roşie	[ko'akəzə 'roʃie]
zwarte bes (de)	coacăză (f) neagră	[ko'akəzə 'nʲagrə]
kruisbes (de)	agrişă (f)	[a'griʃə]
blauwe bosbes (de)	afină (f)	[a'finə]
braambes (de)	mură (f)	['murə]

rozijn (de)	stafidă (f)	[sta'fidə]
vijg (de)	smochină (f)	[smo'kinə]
dadel (de)	curmală (f)	[kur'malə]

pinda (de)	arahidă (f)	[ara'hidə]
amandel (de)	migdală (f)	[mig'dalə]
walnoot (de)	nucă (f)	['nukə]
hazelnoot (de)	alună (f) de pădure	[a'lunə de pə'dure]
kokosnoot (de)	nucă (f) de cocos	['nukə de 'kokos]
pistaches (mv.)	fistic (m)	['fistik]

45. Brood. Snoep

suikerbakkerij (de)	produse (n pl) de cofetărie	[pro'duse də kofetə'rie]
brood (het)	pâine (f)	['pine]
koekje (het)	biscuit (m)	[bisku'it]

chocolade (de)	ciocolată (f)	[tʃioko'latə]
chocolade- (abn)	de, din ciocolată	[de, din tʃioko'latə]
snoepje (het)	bomboană (f)	[bombo'anə]
cakeje (het)	prăjitură (f)	[prəʒi'turə]
taart (bijv. verjaardags~)	tort (n)	[tort]

| pastei (de) | plăcintă (f) | [plə'tʃintə] |
| vulling (de) | umplutură (f) | [umplu'turə] |

confituur (de)	dulceață (f)	[dul'tʃatsə]
marmelade (de)	marmeladă (f)	[marme'ladə]
wafel (de)	napolitane (f pl)	[napoli'tane]
ijsje (het)	îngheţată (f)	[inge'tsatə]

46. Bereide gerechten

gerecht (het)	fel (n) de mâncare	[fel de mi'nkare]
keuken (bijv. Franse ~)	bucătărie (f)	[bukətə'rie]
recept (het)	reţetă (f)	[re'tsetə]
portie (de)	porţie (f)	['portsie]

| salade (de) | salată (f) | [sa'latə] |
| soep (de) | supă (f) | ['supə] |

bouillon (de)	supă (f) de carne	['supə de 'karne]
boterham (de)	tartină (f)	[tar'tinə]
spiegelei (het)	omletă (f)	[om'letə]
hamburger (de)	hamburger (m)	['hamburger]

biefstuk (de)	biftec (n)	[bif'tek]
garnering (de)	garnitură (f)	[garni'turə]
spaghetti (de)	spaghete (f pl)	[spa'gete]
aardappelpuree (de)	piure (n) de cartofi	[pju're de kar'tofⁱ]
pizza (de)	pizza (f)	['pitsa]
pap (de)	caşă (f)	['kaʃə]
omelet (de)	omletă (f)	[om'letə]

gekookt (in water)	fiert	[fiert]
gerookt (bn)	afumat	[afu'mat]
gebakken (bn)	prăjit	[prə'ʒit]
gedroogd (bn)	uscat	[us'kat]
diepvries (bn)	congelat	[kondʒe'lat]
gemarineerd (bn)	marinat	[mari'nat]

zoet (bn)	dulce	['dultʃe]
gezouten (bn)	sărat	[sə'rat]
koud (bn)	rece	['retʃe]
heet (bn)	fierbinte	[fier'binte]
bitter (bn)	amar	[a'mar]
lekker (bn)	gustos	[gus'tos]

koken (in kokend water)	a fierbe	[a 'fjerbe]
bereiden (avondmaaltijd ~)	a găti	[a gə'ti]
bakken (ww)	a prăji	[a prə'ʒi]
opwarmen (ww)	a încălzi	[a inkəl'zi]

zouten (ww)	a săra	[a sə'ra]
peperen (ww)	a pipera	[a pipe'ra]
raspen (ww)	a da prin răzătoare	[a da prin rəzəto'are]
schil (de)	coajă (f)	[ko'aʒə]
schillen (ww)	a curăţa	[a kurə'tsa]

47. Kruiden

zout (het)	sare (f)	['sare]
gezouten (bn)	sărat	[sə'rat]
zouten (ww)	a săra	[a sə'ra]

zwarte peper (de)	piper (m) negru	[pi'per 'negru]
rode peper (de)	piper (m) roşu	[pi'per 'roʃu]
mosterd (de)	muştar (m)	[muʃ'tar]
mierikswortel (de)	hrean (n)	[hrⁱan]

condiment (het)	condiment (n)	[kondi'ment]
specerij, kruiderij (de)	condiment (n)	[kondi'ment]
saus (de)	sos (n)	[sos]
azijn (de)	oţet (n)	[o'tset]

anijs (de)	anason (m)	[ana'son]
basilicum (de)	busuioc (n)	[busu'jok]
kruidnagel (de)	cuişoare (f pl)	[kuiʃo'are]
gember (de)	ghimber (m)	[gim'ber]
koriander (de)	coriandru (m)	[kori'andru]

kaneel (de/het)	scorţişoară (f)	[skortsiʃo'arə]
sesamzaad (het)	susan (m)	[su'san]
laurierblad (het)	foi (f) de dafin	[foj de 'dafin]
paprika (de)	paprică (f)	['paprikə]
komijn (de)	chimen (m)	[ki'men]
saffraan (de)	şofran (m)	[ʃo'fran]

48. Maaltijden

| eten (het) | mâncare (f) | [mɨn'kare] |
| eten (ww) | a mânca | [a mɨn'ka] |

ontbijt (het)	micul dejun (n)	['mikul de'ʒun]
ontbijten (ww)	a lua micul dejun	[a lu'a 'mikul de'ʒun]
lunch (de)	prânz (n)	[prɨnz]
lunchen (ww)	a lua prânzul	[a lu'a 'prɨnzul]
avondeten (het)	cină (f)	['ʧinə]
souperen (ww)	a cina	[a ʧi'na]

| eetlust (de) | poftă (f) de mâncare | ['poftə de mɨ'nkare] |
| Eet smakelijk! | Poftă bună! | ['poftə 'bunə] |

openen (een fles ~)	a deschide	[a des'kide]
morsen (koffie, enz.)	a vărsa	[a vər'sa]
zijn gemorst	a se vărsa	[a se vər'sa]
koken (water kookt bij 100°C)	a fierbe	[a 'fjerbe]
koken (Hoe om water te ~)	a fierbe	[a 'fjerbe]
gekookt (~ water)	fiert	[fiert]
afkoelen (koeler maken)	a răci	[a rə'ʧi]
afkoelen (koeler worden)	a se răci	[a se rə'ʧi]

| smaak (de) | gust (n) | [gust] |
| nasmaak (de) | aromă (f) | [a'romə] |

volgen een dieet	a slăbi	[a slə'bi]
dieet (het)	dietă (f)	[di'etə]
vitamine (de)	vitamină (f)	[vita'minə]
calorie (de)	calorie (f)	[kalo'rie]
vegetariër (de)	vegetarian (m)	[vedʒetari'an]
vegetarisch (bn)	vegetarian	[vedʒetari'an]

vetten (mv.)	grăsimi (f pl)	[grə'simʲ]
eiwitten (mv.)	proteine (f pl)	[prote'ine]
koolhydraten (mv.)	hidraţi (m pl) de carbon	[hi'dratsʲ de kar'bon]
snede (de)	felie (f)	[fe'lie]
stuk (bijv. een ~ taart)	bucată (f)	[bu'katə]
kruimel (de)	firimitură (f)	[firimi'turə]

49. Tafelschikking

| lepel (de) | lingură (f) | ['lingurə] |
| mes (het) | cuţit (n) | [ku'tsit] |

vork (de)	furculiță (f)	[furku'litsə]
kopje (het)	ceaşcă (f)	['tʃaʃkə]
bord (het)	farfurie (f)	[farfu'rie]
schoteltje (het)	farfurioară (f)	[farfurio'arə]
servet (het)	şerveţel (n)	[ʃərve'tsel]
tandenstoker (de)	scobitoare (f)	[skobito'are]

50. Restaurant

restaurant (het)	restaurant (n)	[restau'rant]
koffiehuis (het)	cafenea (f)	[kafe'nʲa]
bar (de)	bar (n)	[bar]
tearoom (de)	salon (n) de ceai	[sa'lon de tʃaj]

kelner, ober (de)	chelner (m)	['kelner]
serveerster (de)	chelneriţă (f)	[kelne'ritsə]
barman (de)	barman (m)	['barman]

menu (het)	meniu (n)	[me'nju]
wijnkaart (de)	meniu (n) de vinuri	[menju de 'vinurʲ]
een tafel reserveren	a rezerva o masă	[a rezer'va o 'masə]

gerecht (het)	mâncare (f)	[mɨn'kare]
bestellen (eten ~)	a comanda	[a koman'da]
een bestelling maken	a face comandă	[a 'fatʃe ko'mandə]

aperitief (de/het)	aperitiv (n)	[aperi'tiv]
voorgerecht (het)	gustare (f)	[gus'tare]
dessert (het)	desert (n)	[de'sert]

rekening (de)	notă (f) de plată	['notə de 'platə]
de rekening betalen	a achita nota de plată	[a aki'ta 'nota de 'platə]
wisselgeld teruggeven	a da rest	[a da 'rest]
fooi (de)	bacşiş (n)	[bak'ʃiʃ]

Familie, verwanten en vrienden

51. Persoonlijke informatie. Formulieren

naam (de)	prenume (n)	[pre'nume]
achternaam (de)	nume (n)	['nume]
geboortedatum (de)	data (f) naşterii	['data 'naʃterij]
geboorteplaats (de)	locul (n) naşterii	['lokul 'naʃterij]
nationaliteit (de)	naţionalitate (f)	[natsionali'tate]
woonplaats (de)	locul (n) de reşedinţă	['lokul de reʃə'dintsə]
land (het)	ţară (f)	['tsarə]
beroep (het)	profesie (f)	[pro'fesie]
geslacht (ov. het vrouwelijk ~)	sex (n)	[seks]
lengte (de)	înălţime (f)	[inəl'tsime]
gewicht (het)	greutate (f)	[greu'tate]

52. Familieleden. Verwanten

moeder (de)	mamă (f)	['mamə]
vader (de)	tată (m)	['tatə]
zoon (de)	fiu (m)	['fju]
dochter (de)	fiică (f)	['fiikə]
jongste dochter (de)	fiica (f) mai mică	['fiika maj 'mikə]
jongste zoon (de)	fiul (m) mai mic	['fjul maj mik]
oudste dochter (de)	fiica (f) mai mare	['fiika maj 'mare]
oudste zoon (de)	fiul (m) mai mare	['fjul maj 'mare]
broer (de)	frate (m)	['frate]
zuster (de)	soră (f)	['sorə]
neef (zoon van oom, tante)	văr (m)	[vər]
nicht (dochter van oom, tante)	vară (f)	['varə]
mama (de)	mamă (f)	['mamə]
papa (de)	tată (m)	['tatə]
ouders (mv.)	părinţi (m pl)	[pə'rintsj]
kind (het)	copil (m)	[ko'pil]
kinderen (mv.)	copii (m pl)	[ko'pij]
oma (de)	bunică (f)	[bu'nikə]
opa (de)	bunic (m)	[bu'nik]
kleinzoon (de)	nepot (m)	[ne'pot]
kleindochter (de)	nepoată (f)	[nepo'atə]
kleinkinderen (mv.)	nepoţi (m pl)	[ne'potsj]

oom (de)	unchi (m)	[unkʲ]
tante (de)	mătușă (f)	[mə'tuʃə]
neef (zoon van broer, zus)	nepot (m)	[ne'pot]
nicht (dochter van broer, zus)	nepoată (f)	[nepo'atə]

schoonmoeder (de)	soacră (f)	[so'akrə]
schoonvader (de)	socru (m)	['sokru]
schoonzoon (de)	cumnat (m)	[kum'nat]
stiefmoeder (de)	mamă vitregă (f)	['mamə 'vitregə]
stiefvader (de)	tată vitreg (m)	['tatə 'vitreg]

zuigeling (de)	sugaci (m)	[su'gatʃi]
wiegenkind (het)	prunc (m)	[prunk]
kleuter (de)	pici (m)	[pitʃi]

vrouw (de)	soție (f)	[so'tsie]
man (de)	soț (m)	[sots]
echtgenoot (de)	soț (m)	[sots]
echtgenote (de)	soție (f)	[so'tsie]

gehuwd (mann.)	căsătorit	[kəsəto'rit]
gehuwd (vrouw.)	căsătorită	[kəsəto'ritə]
ongehuwd (mann.)	celibatar (m)	[tʃeliba'tar]
vrijgezel (de)	burlac (m)	[bur'lak]
gescheiden (bn)	divorțat	[divor'tsat]
weduwe (de)	văduvă (f)	[vəduvə]
weduwnaar (de)	văduv (m)	[vəduv]

familielid (het)	rudă (f)	['rudə]
dichte familielid (het)	rudă (f) apropiată	['rudə apropi'jatə]
verre familielid (het)	rudă (f) îndepărtată	['rudə indeper'tatə]
familieleden (mv.)	rude (f pl) de sânge	['rude de 'sindʒe]

wees (de), weeskind (het)	orfan (m)	[or'fan]
voogd (de)	tutore (m)	[tu'tore]
adopteren (een jongen te ~)	a adopta	[a adop'ta]
adopteren (een meisje te ~)	a adopta	[a adop'ta]

53. Vrienden. Collega's

vriend (de)	prieten (m)	[pri'eten]
vriendin (de)	prietenă (f)	[pri'etenə]
vriendschap (de)	prietenie (f)	[priete'nie]
bevriend zijn (ww)	a prieteni	[a priete'ni]

makker (de)	amic (m)	[a'mik]
vriendin (de)	amică (f)	[a'mikə]
partner (de)	partener (m)	[parte'ner]

chef (de)	șef (m)	[ʃef]
baas (de)	director (m)	[di'rektor]
ondergeschikte (de)	subordonat (m)	[subordo'nat]
collega (de)	coleg (m)	[ko'leg]
kennis (de)	cunoscut (m)	[kunos'kut]

| medereiziger (de) | tovarăş (m) de drum | [to'varəʃ de drum] |
| klasgenoot (de) | coleg (m) de clasă | [ko'leg de 'klasə] |

buurman (de)	vecin (m)	[ve'tʃin]
buurvrouw (de)	vecină (f)	[ve'tʃinə]
buren (mv.)	vecini (m pl)	[ve'tʃinʲ]

54. Man. Vrouw

vrouw (de)	femeie (f)	[fe'meje]
meisje (het)	domnişoară (f)	[domniʃo'arə]
bruid (de)	mireasă (f)	[mi'rʲasə]

mooi(e) (vrouw, meisje)	frumoasă	[frumo'asə]
groot, grote (vrouw, meisje)	înaltă	[i'naltə]
slank(e) (vrouw, meisje)	zveltă	['zveltə]
korte, kleine (vrouw, meisje)	scundă	['skundə]

| blondine (de) | blondă (f) | ['blondə] |
| brunette (de) | brunetă (f) | [bru'netə] |

dames- (abn)	de damă	[de 'damə]
maagd (de)	virgină (f)	[vir'dʒinə]
zwanger (bn)	gravidă (f)	[gra'vidə]

man (de)	bărbat (m)	[bər'bat]
blonde man (de)	blond (m)	[blond]
bruinharige man (de)	brunet (m)	[bru'net]
groot (bn)	înalt	[i'nalt]
klein (bn)	scund	[skund]

onbeleefd (bn)	grosolan	[groso'lan]
gedrongen (bn)	robust	[ro'bust]
robuust (bn)	tare	['tare]
sterk (bn)	puternic	[pu'ternik]
sterkte (de)	forţă (f)	['fortsə]

mollig (bn)	gras	[gras]
getaand (bn)	negricios	[negri'tʃios]
slank (bn)	zvelt	[zvelt]
elegant (bn)	elegant	[ele'gant]

55. Leeftijd

leeftijd (de)	vârstă (f)	['virstə]
jeugd (de)	tinereţe (f)	[tine'retse]
jong (bn)	tânăr	['tinər]

jonger (bn)	mai mic	[maj mik]
ouder (bn)	mai mare	[maj 'mare]
jongen (de)	tânăr (m)	['tinər]
tiener, adolescent (de)	adolescent (m)	[adoles'tʃent]

kerel (de)	flăcău (m)	[fləkəu]
oude man (de)	bătrân (m)	[bə'trin]
oude vrouw (de)	bătrână (f)	[bə'trinə]

volwassen (bn)	adult (m)	[a'dult]
van middelbare leeftijd (bn)	de vârstă medie	[de 'virstə 'medie]
bejaard (bn)	în vârstă	[in 'virstə]
oud (bn)	bătrân	[bə'trin]

pensioen (het)	pensie (f)	['pensie]
met pensioen gaan	a se pensiona	[a se pensio'na]
gepensioneerde (de)	pensionar (m)	[pensio'nar]

56. Kinderen

kind (het)	copil (m)	[ko'pil]
kinderen (mv.)	copii (m pl)	[ko'pij]
tweeling (de)	gemeni (m pl)	['dʒemenʲ]

wieg (de)	leagăn (n)	['lʲagən]
rammelaar (de)	sunătoare (f)	[sunəto'are]
luier (de)	scutec (n)	['skutek]

speen (de)	biberon (n)	[bibe'ron]
kinderwagen (de)	cărucior (n) pentru copii	[kəru'tʃior 'pentru ko'pij]
kleuterschool (de)	grădiniță (f) de copii	[grədi'nitsə de ko'pij]
babysitter (de)	dădacă (f)	[də'dakə]

kindertijd (de)	copilărie (f)	[kopilə'rie]
pop (de)	păpușă (f)	[pə'puʃə]
speelgoed (het)	jucărie (f)	[ʒukə'rie]
bouwspeelgoed (het)	constructor (m)	[kon'struktor]
welopgevoed (bn)	bine crescut	['bine kres'kut]
onopgevoed (bn)	needucat	[needu'kat]
verwend (bn)	răsfățat	[rəsfə'tsat]

stout zijn (ww)	a face pozne	[a 'fatʃe 'pozne]
stout (bn)	năzbâtios	[nəzbiti'os]
stoutheid (de)	năzbâtie (f)	[nəz'bitie]
stouterd (de)	ștrengar (m)	[ʃtren'gar]

| gehoorzaam (bn) | ascultător | [askultə'tor] |
| ongehoorzaam (bn) | neascultător | [neaskultə'tor] |

braaf (bn)	inteligent	[inteli'dʒent]
slim (verstandig)	deștept	[deʃ'tept]
wonderkind (het)	copil (m) minune	[ko'pil mi'nune]

57. Gehuwde paren. Gezinsleven

| kussen (een kus geven) | a săruta | [a səru'ta] |
| elkaar kussen (ww) | a se săruta | [a se səru'ta] |

gezin (het)	familie (f)	[fa'milie]
gezins- (abn)	de familie	[de fa'milie]
paar (het)	pereche (f)	[pe'reke]
huwelijk (het)	căsătorie (f)	[kəsəto'rie]
thuis (het)	cămin (n)	[kə'min]
dynastie (de)	dinastie (f)	[dinas'tie]

date (de)	întâlnire (f)	[intɨl'nire]
zoen (de)	sărut (n)	[sə'rut]

liefde (de)	iubire (f)	[ju'bire]
liefhebben (ww)	a iubi	[a ju'bi]
geliefde (bn)	iubit	[ju'bit]

tederheid (de)	gingășie (f)	[dʒingə'ʃie]
teder (bn)	tandru	['tandru]
trouw (de)	fidelitate (f)	[fideli'tate]
trouw (bn)	fidel	[fi'del]
zorg (bijv. bejaarden~)	grijă (f)	['griʒə]
zorgzaam (bn)	grijuliu	[griʒu'lju]

jonggehuwden (mv.)	tineri (m pl) căsătoriți	['tineri kəsəto'rits]
wittebroodsweken (mv.)	lună (f) de miere	['lunə de 'mjere]
trouwen (vrouw)	a se mărita	[a se məri'ta]
trouwen (man)	a se căsători	[a se kəsəto'ri]

bruiloft (de)	nuntă (f)	['nuntə]
gouden bruiloft (de)	nuntă (f) de aur	['nuntə de 'aur]
verjaardag (de)	aniversare (f)	[aniver'sare]

minnaar (de)	amant (m)	[a'mant]
minnares (de)	amantă (f)	[a'mantə]

overspel (het)	adulter (n)	[adul'ter]
overspel plegen (ww)	a înșela	[a ɨnʃə'la]
jaloers (bn)	gelos	[dʒe'los]
jaloers zijn (echtgenoot, enz.)	a fi gelos	[a fi dʒe'los]
echtscheiding (de)	divorț (n)	[di'vorts]
scheiden (ww)	a divorța	[a divor'tsa]

ruzie hebben (ww)	a se certa	[a se tʃer'ta]
vrede sluiten (ww)	a se împăca	[a se impə'ka]
samen (bw)	împreună	[impre'unə]
seks (de)	sex (n)	[seks]

geluk (het)	fericire (f)	[feri'tʃire]
gelukkig (bn)	fericit	[feri'tʃit]
ongeluk (het)	nenorocire (f)	[nenoro'tʃire]
ongelukkig (bn)	nefericit	[neferi'tʃit]

Karakter. Gevoelens. Emoties

58. Gevoelens. Emoties

gevoel (het)	sentiment (n)	[senti'ment]
gevoelens (mv.)	sentimente (n pl)	[senti'mente]
honger (de)	foame (f)	[fo'ame]
honger hebben (ww)	a fi foame	[a fi fo'ame]
dorst (de)	sete (f)	['sete]
dorst hebben	a fi sete	[a fi 'sete]
slaperigheid (de)	somnolenţă (f)	[somno'lentsə]
willen slapen	a fi somn	[a fi somn]
moeheid (de)	oboseală (f)	[obo'sʲalə]
moe (bn)	obosit	[obo'sit]
vermoeid raken (ww)	a obosi	[a obo'si]
stemming (de)	dispoziţie (f)	[dispo'zitsie]
verveling (de)	plictiseală (f)	[plikti'sʲalə]
zich vervelen (ww)	a se plictisi	[a se plikti'si]
afzondering (de)	singurătate (f)	[singurə'tate]
zich afzonderen (ww)	a se izola	[a se izo'la]
bezorgd maken	a nelinişti	[a neliniʃ'ti]
bezorgd zijn (ww)	a se nelinişti	[a se neliniʃ'ti]
zorg (bijv. geld~en)	nelinişte (f)	[ne'liniʃte]
ongerustheid (de)	nelinişte (f)	[ne'liniʃte]
ongerust (bn)	preocupat	[preoku'pat]
zenuwachtig zijn (ww)	a se enerva	[a se ener'va]
in paniek raken	a panica	[a pani'ka]
hoop (de)	speranţă (f)	[spe'rantsə]
hopen (ww)	a spera	[a spe'ra]
zekerheid (de)	siguranţă (f)	[sigu'rantsə]
zeker (bn)	sigur	['sigur]
onzekerheid (de)	nesiguranţă (f)	[nesigu'rantsə]
onzeker (bn)	nesigur	[ne'sigur]
dronken (bn)	beat	[bʲat]
nuchter (bn)	treaz	[trʲaz]
zwak (bn)	slab	[slab]
gelukkig (bn)	norocos	[noro'kos]
doen schrikken (ww)	a speria	[a speri'ja]
toorn (de)	turbare (f)	[tur'bare]
woede (de)	furie (f)	[fu'rie]
depressie (de)	depresie (f)	[de'presie]
ongemak (het)	disconfort (n)	[diskon'fort]

gemak, comfort (het)	confort (n)	[kon'fort]
spijt hebben (ww)	a regreta	[a regre'ta]
spijt (de)	regret (n)	[re'gret]
pech (de)	ghinion (n)	[gini'on]
bedroefdheid (de)	întristare (f)	[intri'stare]

schaamte (de)	ruşine (f)	[ru'ʃine]
pret (de), plezier (het)	veselie (f)	[vese'lie]
enthousiasme (het)	entuziasm (n)	[entuzi'asm]
enthousiasteling (de)	entuziast (m)	[entuzi'ast]
enthousiasme vertonen	a arăta entuziasm	[a arə'ta entuzi'asm]

59. Karakter. Persoonlijkheid

karakter (het)	caracter (n)	[karak'ter]
karakterfout (de)	viciu (n)	['viʧiu]
verstand (het)	minte (f)	['minte]
rede (de)	raţiune (f)	[raʦi'une]

geweten (het)	conştiinţă (f)	[konʃti'intsə]
gewoonte (de)	obişnuinţă (f)	[obiʃnu'intsə]
bekwaamheid (de)	talent (n)	[ta'lent]
kunnen (bijv., ~ zwemmen)	a putea	[a pu'tʲa]

geduldig (bn)	răbdător	[rəbdə'tor]
ongeduldig (bn)	nerăbdător	[nerəbdə'tor]
nieuwsgierig (bn)	curios	[kuri'os]
nieuwsgierigheid (de)	curiozitate (f)	[kuriozi'tate]

bescheidenheid (de)	modestie (f)	[modes'tie]
bescheiden (bn)	modest	[mo'dest]
onbescheiden (bn)	lipsit de modestie	[lip'sit de modes'tie]

luiheid (de)	lene (f)	['lene]
lui (bn)	leneş	['leneʃ]
luiwammes (de)	leneş (m)	['leneʃ]

sluwheid (de)	viclenie (f)	[vikle'nie]
sluw (bn)	viclean	[vik'lʲan]
wantrouwen (het)	neîncredere (f)	[nein'kredere]
wantrouwig (bn)	neîncrezător	[neinkrezə'tor]

gulheid (de)	generozitate (f)	[dʒenerozi'tate]
gul (bn)	generos	[dʒene'ros]
talentrijk (bn)	talentat	[talen'tat]
talent (het)	talent (n)	[ta'lent]

moedig (bn)	îndrăzneţ	[indrəz'nets]
moed (de)	îndrăzneală (f)	[indrəz'nʲale]
eerlijk (bn)	onest	[o'nest]
eerlijkheid (de)	onestitate (f)	[onesti'tate]

voorzichtig (bn)	prudent	[pru'dent]
manhaftig (bn)	curajos	[kura'ʒos]

ernstig (bn)	serios	[se'rjos]
streng (bn)	sever	[se'ver]

resoluut (bn)	hotărât	[hote'rɨt]
onzeker, irresoluut (bn)	nehotărât	[nehote'rɨt]
schuchter (bn)	sfios	[sfi'os]
schuchterheid (de)	sfială (f)	[sfi'jale]

vertrouwen (het)	încredere (f)	[ɨn'kredere]
vertrouwen (ww)	a avea încredere	[a a'vʲa ɨn'kredere]
goedgelovig (bn)	credul	[kre'dul]

oprecht (bw)	sincer	['sintʃer]
oprecht (bn)	sincer	['sintʃer]
oprechtheid (de)	sinceritate (f)	[sintʃeri'tate]
open (bn)	deschis	[des'kis]

rustig (bn)	liniştit	[liniʃ'tit]
openhartig (bn)	sincer	['sintʃer]
naïef (bn)	naiv	[na'iv]
verstrooid (bn)	distrat	[dis'trat]
leuk, grappig (bn)	hazliu	[haz'lju]

gierigheid (de)	lăcomie (f)	[leko'mie]
gierig (bn)	lacom	['lakom]
inhalig (bn)	zgârcit	[zgɨr'tʃit]
kwaad (bn)	rău	['reu]
koppig (bn)	încăpăţânat	[ɨnkepetsɨ'nat]
onaangenaam (bn)	neplăcut	[neple'kut]

egoïst (de)	egoist (m)	[ego'ist]
egoïstisch (bn)	egoist	[ego'ist]
lafaard (de)	laş (m)	[laʃ]
laf (bn)	fricos	[fri'kos]

60. Slaap. Dromen

slapen (ww)	a dormi	[a dor'mi]
slaap (in ~ vallen)	somn (n)	[somn]
droom (de)	vis (n)	[vis]
dromen (in de slaap)	a visa	[a vi'sa]
slaperig (bn)	somnoros	[somno'ros]

bed (het)	pat (n)	[pat]
matras (de)	saltea (f)	[sal'tʲa]
deken (de)	plapumă (f)	['plapume]
kussen (het)	pernă (f)	['perne]
laken (het)	cearşaf (n)	[tʃar'ʃaf]

slapeloosheid (de)	insomnie (f)	[insom'nie]
slapeloos (bn)	fără somn	['fere somn]
slaapmiddel (het)	somnifer (n)	[somni'fer]
slaapmiddel innemen	a lua somnifere	[a lu'a somni'fere]
willen slapen	a fi somn	[a fi somn]

geeuwen (ww)	a căsca	[a kəs'ka]
gaan slapen	a merge la culcare	[a 'merdʒe la kul'kare]
het bed opmaken	a face patul	[a 'fatʃe 'patul]
inslapen (ww)	a adormi	[a ador'mi]

nachtmerrie (de)	coşmar (n)	[koʃ'mar]
gesnurk (het)	sforăit (n)	[sforə'it]
snurken (ww)	a sforăi	[a sforə'i]

wekker (de)	ceas (n) deşteptător	[tʃas deʃteptə'tor]
wekken (ww)	a trezi	[a tre'zi]
wakker worden (ww)	a se trezi	[a se tre'zi]
opstaan (ww)	a se ridica	[a se ridi'ka]
zich wassen (ww)	a se spăla	[a se spə'la]

61. Humor. Gelach. Blijdschap

humor (de)	umor (n)	[u'mor]
gevoel (het) voor humor	simţ (n)	[simts]
plezier hebben (ww)	a se veseli	[a se vese'li]
vrolijk (bn)	vesel	['vesel]
pret (de), plezier (het)	veselie (f)	[vese'lie]

glimlach (de)	zâmbet (n)	['zimbet]
glimlachen (ww)	a zâmbi	[a zɨm'bi]
beginnen te lachen (ww)	a izbucni în râs	[a izbuk'ni ɨn ris]
lachen (ww)	a râde	[a 'ride]
lach (de)	râs (n)	[ris]

mop (de)	anecdotă (f)	[anek'dotə]
grappig (een ~ verhaal)	hazliu	[haz'lju]
grappig (~e clown)	hazliu	[haz'lju]

grappen maken (ww)	a glumi	[a glu'mi]
grap (de)	glumă (f)	['glumə]
blijheid (de)	bucurie (f)	[buku'rie]
blij zijn (ww)	a se bucura	[a se buku'ra]
blij (bn)	bucuros	[buku'ros]

62. Discussie, conversatie. Deel 1

| communicatie (de) | comunicare (f) | [komuni'kare] |
| communiceren (ww) | a comunica | [a komuni'ka] |

conversatie (de)	convorbire (f)	[konvor'bire]
dialoog (de)	dialog (n)	[dia'log]
discussie (de)	dezbatere (f)	[dez'batere]
debat (het)	polemică (f)	[po'lemikə]
debatteren, twisten (ww)	a revendica	[a revendi'ka]

| gesprekspartner (de) | interlocutor (m) | [interloku'tor] |
| thema (het) | temă (f) | ['temə] |

standpunt (het)	punct (n) de vedere	[punkt de ve'dere]
mening (de)	părere (f)	[pə'rere]
toespraak (de)	discurs (n)	[dis'kurs]

bespreking (de)	discuție (f)	[dis'kutsie]
bespreken (spreken over)	a discuta	[a disku'ta]
gesprek (het)	conversație (f)	[konver'satsie]
spreken (converseren)	a conversa	[a konver'sa]
ontmoeting (de)	întâlnire (f)	[intil'nire]
ontmoeten (ww)	a se întâlni	[a se intil'ni]

spreekwoord (het)	proverb (n)	[pro'verb]
gezegde (het)	zicătoare (f)	[zikəto'are]
raadsel (het)	ghicitoare (f)	[gitʃito'are]
een raadsel opgeven	a ghici o ghicitoare	[a gi'tʃi o gitʃito'are]
wachtwoord (het)	parolă (f)	[pa'rolə]
geheim (het)	secret (n)	[se'kret]

eed (de)	jurământ (n)	[ʒurə'mint]
zweren (een eed doen)	a jura	[a ʒu'ra]
belofte (de)	promisiune (f)	[promisi'une]
beloven (ww)	a promite	[a pro'mite]

advies (het)	sfat (n)	[sfat]
adviseren (ww)	a sfătui	[a sfətu'i]
luisteren (gehoorzamen)	a asculta	[a askul'ta]

nieuws (het)	noutate (f)	[nou'tate]
sensatie (de)	senzație (f)	[sen'zatsie]
informatie (de)	informații (f pl)	[infor'matsij]
conclusie (de)	concluzie (f)	[kon'kluzie]
stem (de)	voce (f)	['votʃe]
compliment (het)	compliment (n)	[kompli'ment]
vriendelijk (bn)	amabil	[a'mabil]

woord (het)	cuvânt (n)	[ku'vint]
zin (de), zinsdeel (het)	frază (f)	['frazə]
antwoord (het)	răspuns (n)	[rəs'puns]

| waarheid (de) | adevăr (n) | [ade'vər] |
| leugen (de) | minciună (f) | [min'tʃiunə] |

gedachte (de)	gând (f)	[gind]
idee (de/het)	gând (n)	[gind]
fantasie (de)	imaginație (f)	[imadʒi'natsie]

63. Discussie, conversatie. Deel 2

gerespecteerd (bn)	stimat	[sti'mat]
respecteren (ww)	a respecta	[a respek'ta]
respect (het)	respect (n)	[res'pekt]
Geachte ... (brief)	Stimate ...	[sti'mate]
voorstellen (Mag ik jullie ~)	a prezenta	[a prezen'ta]
intentie (de)	intenție (f)	[in'tentsie]

intentie hebben (ww)	a intenţiona	[a intentsio'na]
wens (de)	urare (f)	[u'rare]
wensen (ww)	a ura	[a u'ra]

verbazing (de)	mirare (f)	[mi'rare]
verbazen (verwonderen)	a mira	[a mi'ra]
verbaasd zijn (ww)	a se mira	[a se mi'ra]

geven (ww)	a da	[a da]
nemen (ww)	a lua	[a lu'a]
teruggeven (ww)	a restitui	[a restitu'i]
retourneren (ww)	a înapoia	[a inapo'ja]

zich verontschuldigen	a cere scuze	[a 'ʧere 'skuze]
verontschuldiging (de)	scuză (f)	['skuzə]
vergeven (ww)	a ierta	[a er'ta]

spreken (ww)	a vorbi	[a vor'bi]
luisteren (ww)	a asculta	[a askul'ta]
aanhoren (ww)	a asculta	[a askul'ta]
begrijpen (ww)	a înţelege	[a intse'ledʒe]

tonen (ww)	a arăta	[a arə'ta]
kijken naar ...	a se uita	[a se uj'ta]
roepen (vragen te komen)	a chema	[a ke'ma]
storen (lastigvallen)	a deranja	[a deran'ʒa]
doorgeven (ww)	a transmite	[a trans'mite]

verzoek (het)	rugăminte (f)	[rugə'minte]
verzoeken (ww)	a ruga	[a ru'ga]
eis (de)	cerere (f)	['ʧerere]
eisen (met klem vragen)	a cere	[a 'ʧere]

beledigen (beledigende namen geven)	a tachina	[a taki'na]
uitlachen (ww)	a-şi bate joc	[aʃ 'bate ʒok]
spot (de)	derâdere (f)	[de'ridere]
bijnaam (de)	poreclă (f)	[po'reklə]

zinspeling (de)	aluzie (f)	[a'luzie]
zinspelen (ww)	a face aluzie	[a 'faʧe a'luzie]
impliceren (duiden op)	a se subînţelege	[a se subintse'ledʒe]

beschrijving (de)	descriere (f)	[de'skriere]
beschrijven (ww)	a descrie	[a de'skrie]
lof (de)	laudă (f)	['laudə]
loven (ww)	a lăuda	[a ləu'da]

teleurstelling (de)	dezamăgire (f)	[dezamə'dʒire]
teleurstellen (ww)	a dezamăgi	[a dezamə'dʒi]
teleurgesteld zijn (ww)	a se dezamăgi	[a se dezamə'dʒi]

veronderstelling (de)	presupunere (f)	[presu'punere]
veronderstellen (ww)	a presupune	[a presu'pune]
waarschuwing (de)	avertisment (n)	[avertis'ment]
waarschuwen (ww)	a preveni	[a preve'ni]

64. Discussie, conversatie. Deel 3

aanpraten (ww)	a convinge	[a kon'vindʒe]
kalmeren (kalm maken)	a linişti	[a liniʃ'ti]
stilte (de)	tăcere (f)	[tə'tʃere]
zwijgen (ww)	a tăcea	[a tə'tʃa]
fluisteren (ww)	a şopti	[a ʃop'ti]
gefluister (het)	şoaptă (f)	[ʃo'aptə]
open, eerlijk (bw)	sincer	['sintʃer]
volgens mij ...	după părerea mea ...	['dupə pə'reria mia]
detail (het)	amănunt (n)	[ame'nunt]
gedetailleerd (bn)	amănunţit	[amənun'tsit]
gedetailleerd (bw)	amănunţit	[amənun'tsit]
hint (de)	indiciu (n)	[in'ditʃiu]
een hint geven	a şopti	[a ʃop'ti]
blik (de)	privire (f)	[pri'vire]
een kijkje nemen	a privi	[a pri'vi]
strak (een ~ke blik)	fix	[fiks]
knipperen (ww)	a clipi	[a kli'pi]
knipogen (ww)	a clipi	[a kli'pi]
knikken (ww)	a da din cap	[a da din 'kap]
zucht (de)	oftat (n)	[of'tat]
zuchten (ww)	a ofta	[a of'ta]
huiveren (ww)	a tresări	[a tresə'ri]
gebaar (het)	gest (n)	[dʒest]
aanraken (ww)	a se atinge	[a se a'tindʒe]
grijpen (ww)	a apuca	[a apu'ka]
een schouderklopje geven	a bate	[a 'bate]
Kijk uit!	Atenţie!	[a'tentsie]
Echt?	Oare?	[o'are]
Bent je er zeker van?	Eşti sigur?	[eʃtʲ 'sigur]
Succes!	Succes!	[suk'tʃes]
Juist, ja!	Clar!	[klar]
Wat jammer!	Ce păcat!	[tʃe pə'kat]

65. Overeenstemming. Weigering

instemming (het)	consimţământ (n)	[konsimtsə'mɨnt]
instemmen (akkoord gaan)	a fi de acord cu ...	[a fi de a'kord ku]
goedkeuring (de)	aprobare (f)	[apro'bare]
goedkeuren (ww)	a aproba	[a apro'ba]
weigering (de)	refuz (n)	[re'fuz]
weigeren (ww)	a refuza	[a refu'za]
Geweldig!	Perfect!	[per'fekt]
Goed!	Bine!	['bine]

Akkoord!	De acord!	[de a'kord]
verboden (bn)	interzis	[inter'zis]
het is verboden	nu se poate	[nu se po'ate]
het is onmogelijk	imposibil	[impo'sibil]
onjuist (bn)	incorect	[inko'rekt]

afwijzen (ww)	a respinge	[a res'pindʒe]
steunen	a susține	[a sus'tsine]
(een goed doel, enz.)		
aanvaarden (excuses ~)	a accepta	[a aktʃep'ta]

| bevestigen (ww) | a confirma | [a konfir'ma] |
| bevestiging (de) | confirmare (f) | [konfir'mare] |

toestemming (de)	permisiune (f)	[permisi'une]
toestaan (ww)	a permite	[a per'mite]
beslissing (de)	hotărâre (f)	[hotə'rire]
z'n mond houden (ww)	a tăcea	[a tə'tʃa]

voorwaarde (de)	condiție (f)	[kon'ditsie]
smoes (de)	pretext (n)	[pre'tekst]
lof (de)	laudă (f)	['laudə]
loven (ww)	a lăuda	[a ləu'da]

66. Succes. Veel geluk. Mislukking

succes (het)	reușită (f)	[reu'ʃitə]
succesvol (bw)	reușit	[reu'ʃit]
succesvol (bn)	reușit	[reu'ʃit]

| geluk (het) | succes (n) | [suk'tʃes] |
| Succes! | Succes! | [suk'tʃes] |

| geluks- (bn) | norocos | [noro'kos] |
| gelukkig (fortuinlijk) | norocos | [noro'kos] |

mislukking (de)	eșec (n)	[e'ʃək]
tegenslag (de)	ghinion (n)	[gini'on]
pech (de)	ghinion (n)	[gini'on]

| zonder succes (bn) | nereușit | [nereu'ʃit] |
| catastrofe (de) | catastrofă (f) | [katas'trofə] |

fierheid (de)	mândrie (f)	[min'drie]
fier (bn)	mândru	['mindru]
fier zijn (ww)	a se mândri	[a se min'dri]

| winnaar (de) | învingător (m) | [invingə'tor] |
| winnen (ww) | a învinge | [a in'vindʒe] |

verliezen (ww)	a pierde	[a 'pjerde]
poging (de)	încercare (f)	[intʃer'kare]
pogen, proberen (ww)	a se strădui	[a se strədu'i]
kans (de)	șansă (f)	['ʃansə]

67. Ruzies. Negatieve emoties

schreeuw (de)	strigăt (n)	['strigət]
schreeuwen (ww)	a striga	[a stri'ga]
beginnen te schreeuwen	a striga	[a stri'ga]
ruzie (de)	ceartă (f)	['tʃartə]
ruzie hebben (ww)	a se certa	[a se tʃer'ta]
schandaal (het)	scandal (n)	[skan'dal]
schandaal maken (ww)	a face scandal	[a 'fatʃe skan'dal]
conflict (het)	conflict (n)	[kon'flikt]
misverstand (het)	neînțelegere (f)	[neintse'ledʒere]
belediging (de)	insultă (f)	[in'sultə]
beledigen	a insulta	[a insul'ta]
(met scheldwoorden)		
beledigd (bn)	ofensat	[ofen'sat]
krenking (de)	jignire (f)	[ʒig'nire]
krenken (beledigen)	a jigni	[a ʒig'ni]
gekwetst worden (ww)	a se supăra	[a se supə'ra]
verontwaardiging (de)	indignare (f)	[indig'nare]
verontwaardigd zijn (ww)	a se indigna	[a se indig'na]
klacht (de)	plângere (f)	['plindʒere]
klagen (ww)	a se plânge	[a se 'plindʒe]
verontschuldiging (de)	scuză (f)	['skuzə]
zich verontschuldigen	a cere scuze	[a 'tʃere 'skuze]
excuus vragen	a cere iertare	[a 'tʃere er'tare]
kritiek (de)	critică (f)	['kritikə]
bekritiseren (ww)	a critica	[a kriti'ka]
beschuldiging (de)	învinuire (f)	[invinu'ire]
beschuldigen (ww)	a învinui	[a invinu'i]
wraak (de)	răzbunare (f)	[rəzbu'nare]
wreken (ww)	a răzbuna	[a rəzbu'na]
wraak nemen (ww)	a se revanşa	[a se revan'ʃa]
minachting (de)	dispreţ (n)	[dis'prets]
minachten (ww)	a dispreţui	[a dispretsu'i]
haat (de)	ură (f)	['urə]
haten (ww)	a urî	[a u'ri]
zenuwachtig (bn)	nervos	[ner'vos]
zenuwachtig zijn (ww)	a se enerva	[a se ener'va]
boos (bn)	supărat	[supə'rat]
boos maken (ww)	a supăra	[a supə'ra]
vernedering (de)	umilire (f)	[umi'lire]
vernederen (ww)	a umili	[a umi'li]
zich vernederen (ww)	a se umili	[a se umi'li]
schok (de)	şoc (n)	[ʃok]
schokken (ww)	a şoca	[a ʃo'ka]

onaangenaamheid (de)	neplăcere (f)	[neplə'tʃere]
onaangenaam (bn)	neplăcut	[neplə'kut]

vrees (de)	frică (f)	['frikə]
vreselijk (bijv. ~ onweer)	năprasnic	[nə'prasnik]
eng (bn)	de groază	[de gro'azə]
gruwel (de)	groază (f)	[gro'azə]
vreselijk (~ nieuws)	înspăimântător	[inspəjmintə'tor]

huilen (wenen)	a plânge	[a 'plindʒe]
beginnen te huilen (wenen)	a plânge	[a 'plindʒe]
traan (de)	lacrimă (f)	['lakrimə]

schuld (~ geven aan)	greşeală (f)	[gre'ʃalə]
schuldgevoel (het)	vină (f)	['vinə]
schande (de)	ruşine (f)	[ru'ʃine]
protest (het)	protest (n)	[pro'test]
stress (de)	stres (n)	[stres]

storen (lastigvallen)	a deranja	[a deran'ʒa]
kwaad zijn (ww)	a se supăra	[a se supə'ra]
kwaad (bn)	supărat	[supə'rat]
beëindigen (een relatie ~)	a pune capăt	[a 'pune 'kapət]
vloeken (ww)	a se sfădi	[a se sfə'di]

schrikken (schrik krijgen)	a se speria	[a se speri'ja]
slaan (iemand ~)	a lovi	[a lo'vi]
vechten (ww)	a se bate	[a se 'bate]

regelen (conflict)	a aplana	[a apla'na]
ontevreden (bn)	nemulţumit	[nemultsu'mit]
woedend (bn)	furios	[furi'os]

Dat is niet goed!	Nu e bine!	[nu e 'bine]
Dat is slecht!	E rău!	[e rəu]

Geneeskunde

68. Ziekten

ziekte (de)	boală (f)	[bo'alə]
ziek zijn (ww)	a fi bolnav	[a fi bol'nav]
gezondheid (de)	sănătate (f)	[sənə'tate]
snotneus (de)	guturai (n)	[gutu'raj]
angina (de)	anghină (f)	[a'ŋginə]
verkoudheid (de)	răceală (f)	[rə'ʧalə]
verkouden raken (ww)	a răci	[a rə'ʧi]
bronchitis (de)	bronşită (f)	[bron'ʃitə]
longontsteking (de)	pneumonie (f)	[pneumo'nie]
griep (de)	gripă (f)	['gripə]
bijziend (bn)	miop	[mi'op]
verziend (bn)	prezbit	[prez'bit]
scheelheid (de)	strabism (n)	[stra'bism]
scheel (bn)	saşiu	[sa'ʃiu]
grauwe staar (de)	cataractă (f)	[kata'raktə]
glaucoom (het)	glaucom (n)	[glau'kom]
beroerte (de)	congestie (f)	[kon'dʒestie]
hartinfarct (het)	infarct (n)	[in'farkt]
myocardiaal infarct (het)	infarct (n) miocardic	[in'farkt mio'kardik]
verlamming (de)	paralizie (f)	[parali'zie]
verlammen (ww)	a paraliza	[a parali'za]
allergie (de)	alergie (f)	[aler'dʒie]
astma (de/het)	astmă (f)	['astmə]
diabetes (de)	diabet (n)	[dia'bet]
tandpijn (de)	durere (f) de dinţi	[du'rere de dints]
tandbederf (het)	carie (f)	['karie]
diarree (de)	diaree (f)	[dia'ree]
constipatie (de)	constipaţie (f)	[konsti'patsie]
maagstoornis (de)	deranjament (n) la stomac	[deranʒa'ment la sto'mak]
voedselvergiftiging (de)	intoxicare (f)	[intoksi'kare]
voedselvergiftiging oplopen	a se intoxica	[a se intoksi'ka]
artritis (de)	artrită (f)	[ar'tritə]
rachitis (de)	rahitism (n)	[rahi'tism]
reuma (het)	reumatism (n)	[reuma'tism]
arteriosclerose (de)	ateroscleroză (f)	[arterioskle'rozə]
gastritis (de)	gastrită (f)	[gas'tritə]
blindedarmontsteking (de)	apendicită (f)	[apendi'ʧitə]

galblaasontsteking (de)	colecistită (f)	[koletʃis'titə]
zweer (de)	ulcer (n)	[ul'tʃer]

mazelen (mv.)	pojar	[po'ʒar]
rodehond (de)	rubeolă (f)	[ruʒe'olə]
geelzucht (de)	icter (n)	['ikter]
leverontsteking (de)	hepatită (f)	[hepa'titə]

schizofrenie (de)	schizofrenie (f)	[skizofre'nie]
dolheid (de)	turbare (f)	[tur'bare]
neurose (de)	nevroză (f)	[ne'vrozə]
hersenschudding (de)	comoție (f) cerebrală	[ko'motsie ʧerə'bralə]

kanker (de)	cancer (n)	['kanʧer]
sclerose (de)	scleroză (f)	[skle'rozə]
multiple sclerose (de)	scleroză multiplă (f)	[skle'rozə mul'tiplə]

alcoholisme (het)	alcoolism (n)	[alkoo'lizm]
alcoholicus (de)	alcoolic (m)	[alko'olik]
syfilis (de)	sifilis (n)	['sifilis]
AIDS (de)	SIDA (f)	['sida]

tumor (de)	tumoare (f)	[tumo'are]
kwaadaardig (bn)	malignă	[ma'lignə]
goedaardig (bn)	benignă	[be'nignə]

koorts (de)	friguri (n pl)	['friguri]
malaria (de)	malarie (f)	[mala'rie]
gangreen (het)	cangrenă (f)	[kan'grenə]
zeeziekte (de)	rău (n) de mare	[rəu de 'mare]
epilepsie (de)	epilepsie (f)	[epilep'sie]

epidemie (de)	epidemie (f)	[epide'mie]
tyfus (de)	tifos (n)	['tifos]
tuberculose (de)	tuberculoză (f)	[tuberku'lozə]
cholera (de)	holeră (f)	['holerə]
pest (de)	ciumă (f)	['ʧiumə]

69. Symptomen. Behandelingen. Deel 1

symptoom (het)	simptom (n)	[simp'tom]
temperatuur (de)	temperatură (f)	[tempera'turə]
verhoogde temperatuur (de)	febră (f)	['febrə]
polsslag (de)	puls (n)	[puls]

duizeling (de)	amețeală (f)	[ame'tsʲalə]
heet (erg warm)	fierbinte	[fier'binte]
koude rillingen (mv.)	frisoane (n pl)	[friso'ane]
bleek (bn)	palid	['palid]

hoest (de)	tuse (f)	['tuse]
hoesten (ww)	a tuşi	[a tu'ʃi]
niezen (ww)	a strănuta	[a strənu'ta]
flauwte (de)	leşin (n)	[le'ʃin]

flauwvallen (ww)	a leşina	[a leʃi'na]
blauwe plek (de)	vânătaie (f)	[vɪnə'tae]
buil (de)	cucui (n)	[ku'kuj]
zich stoten (ww)	a se lovi	[a se lo'vi]
kneuzing (de)	contuzie (f)	[kon'tuzie]
kneuzen (gekneusd zijn)	a se lovi	[a se lo'vi]

hinken (ww)	a şchiopăta	[a ʃkiopə'ta]
verstuiking (de)	luxaţie (f)	[luk'satsie]
verstuiken (enkel, enz.)	a luxa	[a luk'sa]
breuk (de)	fractură (f)	[frak'turə]
een breuk oplopen	a fractura	[a fraktu'ra]

snijwond (de)	tăietură (f)	[təe'turə]
zich snijden (ww)	a se tăia	[a se tə'ja]
bloeding (de)	sângerare (f)	[sindʒe'rare]

| brandwond (de) | arsură (f) | [ar'surə] |
| zich branden (ww) | a se frige | [a se 'fridʒe] |

prikken (ww)	a înţepa	[a intse'pa]
zich prikken (ww)	a se înţepa	[a s intse'pa]
blesseren (ww)	a se răni	[a se rə'ni]
blessure (letsel)	vătămare (f)	[vətə'mare]
wond (de)	rană (f)	['ranə]
trauma (het)	traumă (f)	['traumə]

ijlen (ww)	a delira	[a deli'ra]
stotteren (ww)	a se bâlbâi	[a se bɨlbɨ'i]
zonnesteek (de)	insolaţie (f)	[inso'latsie]

70. Symptomen. Behandelingen. Deel 2

| pijn (de) | durere (f) | [du'rere] |
| splinter (de) | ghimpe (m) | ['gimpe] |

zweet (het)	transpiraţie (f)	[transpi'ratsie]
zweten (ww)	a transpira	[a transpi'ra]
braking (de)	vomă (f)	['vomə]
stuiptrekkingen (mv.)	convulsii (f pl)	[kon'vulsij]

zwanger (bn)	gravidă (f)	[gra'vidə]
geboren worden (ww)	a se naşte	[a se 'naʃte]
geboorte (de)	naştere (f)	['naʃtere]
baren (ww)	a naşte	[a 'naʃte]
abortus (de)	avort (n)	[a'vort]

ademhaling (de)	respiraţie (f)	[respi'ratsie]
inademing (de)	inspiraţie (f)	[inspi'ratsie]
uitademing (de)	expiraţie (f)	[ekspi'ratsie]
uitademen (ww)	a expira	[a ekspi'ra]
inademen (ww)	a inspira	[a inspi'ra]
invalide (de)	invalid (m)	[inva'lid]
gehandicapte (de)	infirm (m)	[in'firm]

drugsverslaafde (de)	narcoman (m)	[narko'man]
doof (bn)	surd	[surd]
stom (bn)	mut	[mut]
doofstom (bn)	surdo-mut	[surdo'mut]

krankzinnig (bn)	nebun	[ne'bun]
krankzinnige (man)	nebun (m)	[ne'bun]
krankzinnige (vrouw)	nebună (f)	[ne'bunə]
krankzinnig worden	a înnebuni	[a innebu'ni]

gen (het)	genă (f)	['dʒenə]
immuniteit (de)	imunitate (f)	[imuni'tate]
erfelijk (bn)	ereditar	[eredi'tar]
aangeboren (bn)	congenital	[kondʒeni'tal]

virus (het)	virus (m)	['virus]
microbe (de)	microb (m)	[mi'krob]
bacterie (de)	bacterie (f)	[bak'terie]
infectie (de)	infecţie (f)	[in'fektsie]

71. Symptomen. Behandelingen. Deel 3

ziekenhuis (het)	spital (n)	[spi'tal]
patiënt (de)	pacient (m)	[patʃi'ent]

diagnose (de)	diagnostic (n)	[diag'nostik]
genezing (de)	tratament (n)	[trata'ment]
onder behandeling zijn	a urma tratament	[a ur'ma trata'ment]
behandelen (ww)	a trata	[a tra'ta]
zorgen (zieken ~)	a îngriji	[a ingri'ʒi]
ziekenzorg (de)	îngrijire (f)	[ingri'ʒire]

operatie (de)	operaţie (f)	[ope'ratsie]
verbinden (een arm ~)	a pansa	[a pan'sa]
verband (het)	pansare (f)	[pan'sare]

vaccin (het)	vaccin (n)	[vak'tʃin]
inenten (vaccineren)	a vaccina	[a vaktʃi'na]
injectie (de)	injecţie (f)	[in'ʒektsie]
een injectie geven	a face injecţie	[a 'fatʃe in'ʒektsie]

amputatie (de)	amputare (f)	[ampu'tare]
amputeren (ww)	a amputa	[a ampu'ta]
coma (het)	comă (f)	['komə]
in coma liggen	a fi în comă	[a fi in 'komə]
intensieve zorg, ICU (de)	reanimare (f)	[reani'mare]

zich herstellen (ww)	a se vindeca	[a se vinde'ka]
toestand (de)	stare (f)	['stare]
bewustzijn (het)	conştiinţă (f)	[konʃti'intsə]
geheugen (het)	memorie (f)	[me'morie]

trekken (een kies ~)	a extrage	[a eks'tradʒe]
vulling (de)	plombă (f)	['plombə]

vullen (ww)	a plomba	[a plom'ba]
hypnose (de)	hipnoză (f)	[hip'nozə]
hypnotiseren (ww)	a hipnotiza	[a hipnoti'za]

72. Artsen

dokter, arts (de)	medic (m)	['medik]
ziekenzuster (de)	asistentă (f) medicală	[asis'tentə medi'kalə]
lijfarts (de)	medic (m) personal	['medik perso'nal]

tandarts (de)	stomatolog (m)	[stomato'log]
oogarts (de)	oculist (m)	[oku'list]
therapeut (de)	terapeut (m)	[terape'ut]
chirurg (de)	chirurg (m)	[ki'rurg]

psychiater (de)	psihiatru (m)	[psihi'atru]
pediater (de)	pediatru (m)	[pedi'atru]
psycholoog (de)	psiholog (m)	[psiho'log]
gynaecoloog (de)	ginecolog (m)	[dʒineko'log]
cardioloog (de)	cardiolog (m)	[kardio'log]

73. Geneeskunde. Medicijnen. Accessoires

geneesmiddel (het)	medicament (n)	[medika'ment]
middel (het)	remediu (n)	[re'medju]
recept (het)	reţetă (f)	[re'ʦetə]

tablet (de/het)	pastilă (f)	[pas'tilə]
zalf (de)	unguent (n)	[ungu'ent]
ampul (de)	fiolă (f)	[fi'olə]
drank (de)	mixtură (f)	[miks'turə]
siroop (de)	sirop (n)	[si'rop]
pil (de)	pilulă (f)	[pi'lulə]
poeder (de/het)	praf (n)	[praf]

verband (het)	bandaj (n)	[ban'daʒ]
watten (mv.)	vată (f)	['vatə]
jodium (het)	iod (n)	[jod]

pleister (de)	leucoplast (n)	[leuko'plast]
pipet (de)	pipetă (f)	[pi'petə]
thermometer (de)	termometru (n)	[termo'metru]
spuit (de)	seringă (f)	[se'ringə]

| rolstoel (de) | cărucior (n) pentru invalizi | [kəru'ʧior 'pentru inva'lizi] |
| krukken (mv.) | cârje (f pl) | ['kîrʒe] |

pijnstiller (de)	anestezic (n)	[anes'tezik]
laxeermiddel (het)	laxativ (n)	[laksa'tiv]
spiritus (de)	spirt (n)	[spirt]
medicinale kruiden (mv.)	plante (f pl) medicinale	['plante mediʧi'nale]
kruiden- (abn)	din plante medicinale	[din 'plante mediʧi'nale]

74. Roken. Tabaksproducten

tabak (de)	tutun (n)	[tu'tun]
sigaret (de)	țigară (f)	[tsi'garə]
sigaar (de)	țigară (f) de foi	[tsi'garə de foj]
pijp (de)	pipă (f)	['pipə]
pakje (~ sigaretten)	pachet (n)	[pa'ket]

lucifers (mv.)	chibrituri (n pl)	[ki'b(rituri]
luciferdoosje (het)	cutie (f) de chibrituri	[ku'tie de ki'brituri]
aansteker (de)	brichetă (f)	[bri'ketə]
asbak (de)	scrumieră (f)	[skru'mjerə]
sigarettendoosje (het)	tabacheră (n)	[taba'kerə]

sigarettenpijpje (het)	muștiuc (n)	[muʃ'tjuk]
filter (de/het)	filtru (n)	['filtru]

roken (ww)	a fuma	[a fu'ma]
een sigaret opsteken	a începe să fumeze	[a in'tʃepe sə fu'meze]
roken (het)	fumat (n)	[fu'mat]
roker (de)	fumător (m)	[fumə'tor]

peuk (de)	muc (n) de țigară	[muk de tsi'garə]
rook (de)	fum (n)	[fum]
as (de)	scrum (n)	[skrum]

HET MENSELIJKE LEEFGEBIED

Stad

75. Stad. Het leven in de stad

stad (de)	oraş (n)	[o'raʃ]
hoofdstad (de)	capitală (f)	[kapi'talə]
dorp (het)	sat (n)	[sat]
plattegrond (de)	planul (n) oraşului	['planul o'raʃuluj]
centrum (ov. een stad)	centrul (n) oraşului	['tʃentrul o'raʃuluj]
voorstad (de)	suburbie (f)	[subur'bie]
voorstads- (abn)	din suburbie	[din subur'bie]
randgemeente (de)	margine (f)	['mardʒine]
omgeving (de)	împrejurimi (f pl)	[impreʒu'rimʲ]
blok (huizenblok)	cartier (n)	[kar'tjer]
woonwijk (de)	cartier (n) locativ	[ka'rtjer loka'tiv]
verkeer (het)	circulaţie (f)	[tʃirku'latsie]
verkeerslicht (het)	semafor (n)	[sema'for]
openbaar vervoer (het)	transport (n) urban	[trans'port ur'ban]
kruispunt (het)	intersecţie (f)	[inter'sektsie]
zebrapad (oversteekplaats)	trecere (f)	['tretʃere]
onderdoorgang (de)	trecere (f) subterană	['tretʃere subte'ranə]
oversteken (de straat ~)	a traversa	[a traver'sa]
voetganger (de)	pieton (m)	[pie'ton]
trottoir (het)	trotuar (n)	[trotu'ar]
brug (de)	pod (n)	[pod]
dijk (de)	faleză (f)	[fa'lezə]
fontein (de)	havuz (n)	[ha'vuz]
allee (de)	alee (f)	[a'lee]
park (het)	parc (n)	[park]
boulevard (de)	bulevard (n)	[bule'vard]
plein (het)	piaţă (f)	['pjatsə]
laan (de)	prospect (n)	[pros'pekt]
straat (de)	stradă (f)	['stradə]
zijstraat (de)	stradelă (f)	[stra'delə]
doodlopende straat (de)	fundătură (f)	[fundə'turə]
huis (het)	casă (f)	['kasə]
gebouw (het)	clădire (f)	[klə'dire]
wolkenkrabber (de)	zgârie-nori (m)	['zgirie norʲ]
gevel (de)	faţadă (f)	[fa'tsadə]
dak (het)	acoperiş (n)	[akope'riʃ]

venster (het)	fereastră (f)	[fe'rʲastrə]
boog (de)	arc (n)	[ark]
pilaar (de)	coloană (f)	[kolo'anə]
hoek (ov. een gebouw)	colţ (n)	[kolʦ]

vitrine (de)	vitrină (f)	[vi'trinə]
gevelreclame (de)	firmă (f)	['firmə]
affiche (de/het)	afiş (n)	[a'fiʃ]
reclameposter (de)	afişaj (n)	[afi'ʃaʒ]
aanplakbord (het)	panou (n) publicitar	[pa'nu publitʃi'tar]

vuilnis (de/het)	gunoi (n)	[gu'noj]
vuilnisbak (de)	coş (n) de gunoi	[koʃ de gu'noj]
afval weggooien (ww)	a face murdărie	[a 'faʧe murdə'rie]
stortplaats (de)	groapă (f) de gunoi	[gro'apə de gu'noj]

telefooncel (de)	cabină (f) telefonică	[ka'binə tele'fonikə]
straatlicht (het)	stâlp (m) de felinar	[stɨlp de feli'nar]
bank (de)	bancă (f)	['bankə]

politieagent (de)	poliţist (m)	[poli'ʦist]
politie (de)	poliţie (f)	[po'liʦie]
zwerver (de)	cerşetor (m)	[ʧerʃe'tor]
dakloze (de)	vagabond (m)	[vaga'bond]

76. Stedelijke instellingen

winkel (de)	magazin (n)	[maga'zin]
apotheek (de)	farmacie (f)	[farma'ʧie]
optiek (de)	optică (f)	['optikə]
winkelcentrum (het)	centru (n) comercial	['ʧentru komerʧi'al]
supermarkt (de)	supermarket (n)	[super'market]

bakkerij (de)	brutărie (f)	[brutə'rie]
bakker (de)	brutar (m)	[bru'tar]
banketbakkerij (de)	cofetărie (f)	[kofetə'rie]
kruidenier (de)	băcănie (f)	[bəkə'nie]
slagerij (de)	hală (f) de carne	['halə de 'karne]

| groentewinkel (de) | magazin (m) de legume | [maga'zin de le'gume] |
| markt (de) | piaţă (f) | ['pjaʦə] |

koffiehuis (het)	cafenea (f)	[kafe'nʲa]
restaurant (het)	restaurant (n)	[restau'rant]
bar (de)	berărie (f)	[berə'rie]
pizzeria (de)	pizzerie (f)	[piʦe'rie]

kapperssalon (de/het)	frizerie (f)	[frize'rie]
postkantoor (het)	poştă (f)	['poʃtə]
stomerij (de)	curăţătorie (f) chimică	[kurəʦəto'rie 'kimikə]
fotostudio (de)	atelier (n) foto	[ate'ljer 'foto]

| schoenwinkel (de) | magazin (n) de încălţăminte | [maga'zin de ɨnkəlʦə'minte] |
| boekhandel (de) | librărie (f) | [librə'rie] |

sportwinkel (de)	magazin (n) sportiv	[maga'zin spor'tiv]
kledingreparatie (de)	croitorie (f)	[kroito'rie]
kledingverhuur (de)	închiriere (f) de haine	[ɨnki'rjere de 'hajne]
videotheek (de)	închiriere (f) de filme	[ɨnki'rjere de 'filme]

circus (de/het)	circ (n)	[tʃirk]
dierentuin (de)	grădină (f) zoologică	[grə'dinə zoo'lodʒike]
bioscoop (de)	cinematograf (n)	[tʃinemato'graf]
museum (het)	muzeu (n)	[mu'zeu]
bibliotheek (de)	bibliotecă (f)	[biblio'teke]

theater (het)	teatru (n)	[te'atru]
opera (de)	operă (f)	['opere]
nachtclub (de)	club (n) de noapte	['klub de no'apte]
casino (het)	cazinou (n)	[kazi'nou]

moskee (de)	moschee (f)	[mos'kee]
synagoge (de)	sinagogă (f)	[sina'gogə]
kathedraal (de)	catedrală (f)	[kate'drale]
tempel (de)	templu (n)	['templu]
kerk (de)	biserică (f)	[bi'serikə]

instituut (het)	institut (n)	[insti'tut]
universiteit (de)	universitate (f)	[universi'tate]
school (de)	şcoală (f)	[ʃko'ale]

gemeentehuis (het)	prefectură (f)	[prefek'ture]
stadhuis (het)	primărie (f)	[prime'rie]
hotel (het)	hotel (n)	[ho'tel]
bank (de)	bancă (f)	['banke]

ambassade (de)	ambasadă (f)	[amba'sade]
reisbureau (het)	agenţie (f) de turism	[adʒen'tsie de tu'rism]
informatieloket (het)	birou (n) de informaţii	[bi'rou de infor'matsij]
wisselkantoor (het)	schimb (n) valutar	[skimb valu'tar]

| metro (de) | metrou (n) | [me'trou] |
| ziekenhuis (het) | spital (n) | [spi'tal] |

| benzinestation (het) | benzinărie (f) | [benzine'rie] |
| parking (de) | parcare (f) | [par'kare] |

77. Stedelijk vervoer

bus, autobus (de)	autobuz (n)	[auto'buz]
tram (de)	tramvai (n)	[tram'vaj]
trolleybus (de)	troleibuz (n)	[trolej'buz]
route (de)	rută (f)	['rute]
nummer (busnummer, enz.)	număr (n)	['numer]

rijden met ...	a merge cu ...	[a 'merdʒe ku]
stappen (in de bus ~)	a se urca	[a se ur'ka]
afstappen (ww)	a coborî	[a kobo'rɨ]
halte (de)	staţie (f)	['statsie]

75

volgende halte (de)	staţia (f) următoare	['statsija urməto'are]
eindpunt (het)	ultima staţie (f)	['ultima 'statsie]
dienstregeling (de)	orar (n)	[o'rar]
wachten (ww)	a aştepta	[a aʃtep'ta]

| kaartje (het) | bilet (n) | [bi'let] |
| reiskosten (de) | costul (n) biletului | ['kostul bi'letuluj] |

kassier (de)	casier (m)	[ka'sjer]
kaartcontrole (de)	control (n)	[kon'trol]
controleur (de)	controlor (m)	[kontro'lor]

te laat zijn (ww)	a întârzia	[a intir'zija]
missen (de bus ~)	a pierde ...	[a 'pjerdə]
zich haasten (ww)	a se grăbi	[a se grə'bi]

taxi (de)	taxi (n)	[ta'ksi]
taxichauffeur (de)	taximetrist (m)	[taksime'trist]
met de taxi (bw)	cu taxiul	[ku ta'ksjul]
taxistandplaats (de)	staţie (f) de taxiuri	['statsie de ta'ksjuri]
een taxi bestellen	a chema un taxi	[a ke'ma un ta'ksi]
een taxi nemen	a lua un taxi	[a lu'a un ta'ksi]

verkeer (het)	circulaţie (f) pe stradă	[ʧirku'latsie pe 'stradə]
file (de)	ambuteiaj (n)	[ambute'jaʒ]
spitsuur (het)	oră (f) de vârf	[orə de virf]
parkeren (on.ww.)	a se parca	[a se par'ka]
parkeren (ov.ww.)	a parca	[a par'ka]
parking (de)	parcare (f)	[par'kare]

metro (de)	metrou (n)	[me'trou]
halte (bijv. kleine treinhalte)	staţie (f)	['statsie]
de metro nemen	a merge cu metroul	[a 'merʤe ku me'troul]
trein (de)	tren (n)	[tren]
station (treinstation)	gară (f)	['garə]

78. Bezienswaardigheden

monument (het)	monument (n)	[monu'ment]
vesting (de)	cetate (f)	[ʧe'tate]
paleis (het)	palat (n)	[pa'lat]
kasteel (het)	castel (n)	[kas'tel]
toren (de)	turn (n)	[turn]
mausoleum (het)	mausoleu (n)	[mawzo'leu]

architectuur (de)	arhitectură (f)	[arhitek'turə]
middeleeuws (bn)	medieval	[medie'val]
oud (bn)	vechi	[vekʲ]
nationaal (bn)	naţional	[natsio'nal]
bekend (bn)	cunoscut	[kunos'kut]

toerist (de)	turist (m)	[tu'rist]
gids (de)	ghid (m)	[gid]
rondleiding (de)	excursie (f)	[eks'kursie]

tonen (ww)	a arăta	[a arə'ta]
vertellen (ww)	a povesti	[a poves'ti]

vinden (ww)	a găsi	[a gə'si]
verdwalen (de weg kwijt zijn)	a se pierde	[a se 'pjerde]
plattegrond (~ van de metro)	schemă (f)	['skemə]
plattegrond (~ van de stad)	plan (m)	[plan]

souvenir (het)	suvenir (n)	[suve'nir]
souvenirwinkel (de)	magazin (n) de suveniruri	[maga'zin de suve'nirur']
foto's maken	a fotografia	[a fotografi'ja]
zich laten fotograferen	a se fotografia	[a se fotografi'ja]

79. Winkelen

kopen (ww)	a cumpăra	[a kumpə'ra]
aankoop (de)	cumpărătură (f)	[kumpərə'turə]
winkelen (ww)	a face cumpărături	[a 'fatʃe kumpərə'tur']
winkelen (het)	shopping (n)	['ʃoping]

open zijn (ov. een winkel, enz.)	a fi deschis	[a fi des'kis]
gesloten zijn (ww)	a se închide	[a se in'kide]

schoeisel (het)	încălțăminte (f)	[inkəltsə'minte]
kleren (mv.)	haine (f pl)	['hajne]
cosmetica (mv.)	cosmetică (f)	[kos'metikə]
voedingswaren (mv.)	produse (n pl)	[pro'duse]
geschenk (het)	cadou (n)	[ka'dou]

verkoper (de)	vânzător (m)	[vinzə'tor]
verkoopster (de)	vânzătoare (f)	[vinzəto'are]

kassa (de)	casă (f)	['kasə]
spiegel (de)	oglindă (f)	[og'lində]
toonbank (de)	tejghea (f)	[teʒ'gʲa]
paskamer (de)	cabină (f) de probă	[ka'binə de 'probə]

aanpassen (ww)	a proba	[a pro'ba]
passen (ov. kleren)	a veni	[a ve'ni]
bevallen (prettig vinden)	a plăcea	[a plə'tʃa]

prijs (de)	preț (n)	[prets]
prijskaartje (het)	indicator (n) de prețuri	[indika'tor de 'pretsur']
kosten (ww)	a costa	[a kos'ta]
Hoeveel?	Cât?	[kit]
korting (de)	reducere (f)	[re'dutʃere]

niet duur (bn)	ieftin	['jeftin]
goedkoop (bn)	ieftin	['jeftin]
duur (bn)	scump	[skump]
Dat is duur.	E scump	[e skump]
verhuur (de)	închiriere (f)	[inkiri'ere]
huren (smoking, enz.)	a lua în chirie	[a lu'a in ki'rie]

| krediet (het) | credit (n) | ['kredit] |
| op krediet (bw) | în credit | [in 'kredit] |

80. Geld

geld (het)	bani (m pl)	[banⁱ]
ruil (de)	schimb (n)	[skimb]
koers (de)	curs (n)	[kurs]
geldautomaat (de)	bancomat (n)	[banko'mat]
muntstuk (de)	monedă (f)	[mo'nedə]

| dollar (de) | dolar (m) | [do'lar] |
| euro (de) | euro (m) | ['euro] |

lire (de)	liră (f)	['lirə]
Duitse mark (de)	marcă (f)	['markə]
frank (de)	franc (m)	[frank]
pond sterling (het)	liră (f) sterlină	['lirə ster'linə]
yen (de)	yen (f)	['jen]

schuld (geldbedrag)	datorie (f)	[dato'rie]
schuldenaar (de)	datornic (m)	[da'tornik]
uitlenen (ww)	a da cu împrumut	[a da ku impru'mut]
lenen (geld ~)	a lua cu împrumut	[a lu'a ku impru'mut]

bank (de)	bancă (f)	['bankə]
bankrekening (de)	cont (n)	[kont]
op rekening storten	a pune în cont	[a 'pune in 'kont]
opnemen (ww)	a scoate din cont	[a sko'ate din kont]

kredietkaart (de)	carte (f) de credit	['karte de 'kredit]
baar geld (het)	numerar (n)	[nume'rar]
cheque (de)	cec (n)	[ʧek]
een cheque uitschrijven	a scrie un cec	[a 'skrie un ʧek]
chequeboekje (het)	carte (f) de cecuri	['karte de 'ʧekurⁱ]

portefeuille (de)	portvizit (n)	[portvi'zit]
geldbeugel (de)	portofel (n)	[porto'fel]
safe (de)	seif (n)	['sejf]

erfgenaam (de)	moştenitor (m)	[moʃteni'tor]
erfenis (de)	moştenire (f)	[moʃte'nire]
fortuin (het)	avere (f)	[a'vere]

huur (de)	arendă (f)	[a'rendə]
huurprijs (de)	chirie (f)	[ki'rie]
huren (huis, kamer)	a închiria	[a inkiri'ja]

prijs (de)	preţ (n)	[prets]
kostprijs (de)	valoare (f)	[valo'are]
som (de)	sumă (f)	['sumə]

| uitgeven (geld besteden) | a cheltui | [a keltu'i] |
| kosten (mv.) | cheltuieli (f pl) | [keltu'elⁱ] |

bezuinigen (ww)	a economisi	[a ekonomi'si]
zuinig (bn)	econom	[eko'nom]
betalen (ww)	a plăti	[a plə'ti]
betaling (de)	plată (f)	['platə]
wisselgeld (het)	rest (n)	[rest]
belasting (de)	impozit (n)	[im'pozit]
boete (de)	amendă (f)	[a'mendə]
beboeten (bekeuren)	a amenda	[a amen'da]

81. Post. Postkantoor

postkantoor (het)	poştă (f)	['poʃtə]
post (de)	corespondenţă (f)	[korespon'dentsə]
postbode (de)	poştaş (m)	[poʃ'taʃ]
openingsuren (mv.)	ore (f pl) de lucru	['ore de 'lukru]
brief (de)	scrisoare (f)	[skriso'are]
aangetekende brief (de)	scrisoare (f) recomandată	[skriso'are rekoman'datə]
briefkaart (de)	carte (f) poştală	['karte poʃ'talə]
telegram (het)	telegramă (f)	[tele'gramə]
postpakket (het)	colet (n)	[ko'let]
overschrijving (de)	mandat (n) poştal	[man'dat poʃ'tal]
ontvangen (ww)	a primi	[a pri'mi]
sturen (zenden)	a expedia	[a ekspedi'ja]
verzending (de)	expediere (f)	[ekspe'djere]
adres (het)	adresă (f)	[a'dresə]
postcode (de)	cod (n) poştal	[kod poʃ'tal]
verzender (de)	expeditor (m)	[ekspedi'tor]
ontvanger (de)	destinatar (m)	[destina'tar]
naam (de)	prenume (n)	[pre'nume]
achternaam (de)	nume (n)	['nume]
tarief (het)	tarif (n)	[ta'rif]
standaard (bn)	normal	[nor'mal]
zuinig (bn)	econom	[eko'nom]
gewicht (het)	greutate (f)	[greu'tate]
afwegen (op de weegschaal)	a cântări	[a kintə'ri]
envelop (de)	plic (n)	[plik]
postzegel (de)	timbru (n)	['timbru]
een postzegel plakken op	a lipi timbrul	[a li'pi 'timbrul]

Woning. Huis. Thuis

82. Huis. Woning

huis (het)	casă (f)	['kasə]
thuis (bw)	acasă	[a'kasə]
cour (de)	curte (f)	['kurte]
omheining (de)	gard (n)	[gard]
baksteen (de)	cărămidă (f)	[kərə'midə]
van bakstenen	de, din cărămidă	[de, din kərə'midə]
steen (de)	piatră (f)	['pjatrə]
stenen (bn)	de, din piatră	[de, din 'pjatrə]
beton (het)	beton (n)	[be'ton]
van beton	de, din beton	[de, din be'ton]
nieuw (bn)	nou	['nou]
oud (bn)	vechi	[vekʲ]
vervallen (bn)	vechi	[vekʲ]
modern (bn)	contemporan	[kontempo'ran]
met veel verdiepingen	cu multe etaje	[ku 'multe e'taʒe]
hoog (bn)	înalt	[ɨ'nalt]
verdieping (de)	etaj (n)	[e'taʒ]
met een verdieping	cu un singur etaj	[ku un 'singur e'taʒ]
laagste verdieping (de)	etajul (n) de jos	[e'taʒul de ʒos]
bovenverdieping (de)	etajul (n) de sus	[e'taʒul de sus]
dak (het)	acoperiş (n)	[akope'riʃ]
schoorsteen (de)	tub (n)	[tub]
dakpan (de)	ţiglă (f)	['ʦiglə]
pannen- (abn)	de, din ţiglă	[de, din 'ʦiglə]
zolder (de)	mansardă (f)	[man'sardə]
venster (het)	fereastră (f)	[fe'rʲastrə]
glas (het)	sticlă (f)	['stiklə]
vensterbank (de)	pervaz (n)	[per'vaz]
luiken (mv.)	oblon (n) la fereastră	[o'blon la fe'rʲastrə]
muur (de)	perete (m)	[pe'rete]
balkon (het)	balcon (n)	[bal'kon]
regenpijp (de)	burlan (n)	[bur'lan]
boven (bw)	deasupra	[dʲa'supra]
naar boven gaan (ww)	a urca	[a ur'ka]
afdalen (on.ww.)	a coborî	[a kobo'rɨ]
verhuizen (ww)	a se muta	[a se mu'ta]

83. Huis. Ingang. Lift

ingang (de)	intrare (f)	[in'trare]
trap (de)	scară (f)	['skarə]
treden (mv.)	trepte (f pl)	['trepte]
trapleuning (de)	balustradă (f)	[balu'stradə]
hal (de)	hol (n)	[hol]
postbus (de)	cutie (f) poştală	[ku'tie poʃ'talə]
vuilnisbak (de)	ladă (f) de gunoi	['ladə de gu'noj]
vuilniskoker (de)	conductă (f) de gunoi	[kon'duktə de gu'noj]
lift (de)	lift (n)	[lift]
goederenlift (de)	ascensor (n) de marfă	[asʧen'sor de 'marfə]
liftcabine (de)	cabină (f)	[ka'binə]
de lift nemen	a merge cu liftul	[a 'merdʒe ku 'liftul]
appartement (het)	apartament (n)	[aparta'ment]
bewoners (mv.)	locatari (m pl)	[loka'tar']
buurman (de)	vecin (m)	[ve'ʧin]
buurvrouw (de)	vecină (f)	[ve'ʧinə]
buren (mv.)	vecini (m pl)	[ve'ʧin']

84. Huis. Deuren. Sloten

deur (de)	uşă (f)	['uʃə]
toegangspoort (de)	poartă (f)	[po'artə]
deurkruk (de)	clanţă (f)	['klantsə]
ontsluiten (ontgrendelen)	a descuia	[a desku'ja]
openen (ww)	a deschide	[a des'kide]
sluiten (ww)	a închide	[a i'nkide]
sleutel (de)	cheie (f)	['kee]
sleutelbos (de)	legătură (f) de chei	[legə'turə de 'kej]
knarsen (bijv. scharnier)	a scârţâi	[a skirtsi'i]
knarsgeluid (het)	scârţâit (n)	[skirtsi'it]
scharnier (het)	balama (f)	[bala'ma]
deurmat (de)	covoraş (n)	[kovo'raʃ]
slot (het)	încuietoare (f)	[inkueto'are]
sleutelgat (het)	gaura (f) cheii	['gaura 'keij]
grendel (de)	zăvor (n)	[zə'vor]
schuif (de)	zăvor (n)	[zə'vor]
hangslot (het)	lacăt (n)	['lakət]
aanbellen (ww)	a suna	[a su'na]
bel (geluid)	sunet (n)	['sunet]
deurbel (de)	sonerie (f)	[sone'rie]
belknop (de)	buton (n)	[bu'ton]
geklop (het)	bătaie (f)	[bə'tae]
kloppen (ww)	a bate	[a 'bate]

code (de)	cod (n)	[kod]
cijferslot (het)	lacăt (n) cu cod	['lakət ku kod]
parlofoon (de)	interfon (n)	[inter'fon]
nummer (het)	numǎr (n)	['numər]
naambordje (het)	placǎ (f)	['plakə]
deurspion (de)	vizor (f)	[vi'zor]

85. Huis op het platteland

dorp (het)	sat (n)	[sat]
moestuin (de)	grǎdinǎ (f) de zarzavat	[grə'dinə de zarza'vat]
hek (het)	gard (n)	[gard]
houten hekwerk (het)	îngrǎditurǎ (f)	[ingrədi'turə]
tuinpoortje (het)	portiţǎ (f)	[por'titsə]

graanschuur (de)	hambar (n)	[ham'bar]
wortelkelder (de)	beci (n)	[betʃi]
schuur (de)	magazie (f)	[maga'zie]
waterput (de)	fântânǎ (f)	[fin'tinə]

kachel (de)	sobǎ (f)	['sobə]
de kachel stoken	a face focul	[a 'fatʃe 'fokul]
brandhout (het)	lemne (n pl)	['lemne]
houtblok (het)	bucatǎ (f) de lemn	[bu'katə de lemn]

veranda (de)	verandǎ (f)	[ve'randə]
terras (het)	terasǎ (f)	[te'rasə]
bordes (het)	verandǎ (f)	[ve'randə]
schommel (de)	scrânciob (n)	['skrintʃiob]

86. Kasteel. Paleis

kasteel (het)	castel (n)	[kas'tel]
paleis (het)	palat (n)	[pa'lat]
vesting (de)	cetate (f)	[tʃe'tate]

ringmuur (de)	zid (n)	[zid]
toren (de)	turn (n)	[turn]
donjon (de)	turnul (n) principal	['turnul printʃi'pal]

valhek (het)	porţi (f pl) rulante	['portsi ru'lante]
onderaardse gang (de)	subsol (n)	[sub'sol]
slotgracht (de)	şanţ (n)	[ʃants]

ketting (de)	lanţ (n)	[lants]
schietgat (het)	meterez (n)	[mete'rez]

prachtig (bn)	mǎreţ	[mə'rets]
majestueus (bn)	maiestuos	[maestu'os]

onneembaar (bn)	de necucerit	[de nekutʃe'rit]
middeleeuws (bn)	medieval	[medie'val]

87. Appartement

appartement (het)	apartament (n)	[aparta'ment]
kamer (de)	cameră (f)	['kamerə]
slaapkamer (de)	dormitor (n)	[dormi'tor]
eetkamer (de)	sufragerie (f)	[sufradʒe'rie]
salon (de)	salon (n)	[sa'lon]
studeerkamer (de)	cabinet (n)	[kabi'net]
gang (de)	antreu (n)	[an'treu]
badkamer (de)	baie (f)	['bae]
toilet (het)	toaletă (f)	[toa'letə]
plafond (het)	pod (n)	[pod]
vloer (de)	podea (f)	[po'dʲa]
hoek (de)	colț (n)	[kolts]

88. Appartement. Schoonmaken

schoonmaken (ww)	a face ordine	[a 'fatʃe 'ordine]
opbergen (in de kast, enz.)	a strânge	[a 'strindʒe]
stof (het)	praf (n)	[praf]
stoffig (bn)	prăfuit	[prəfu'it]
stoffen (ww)	a şterge praful	[a 'ʃterdʒe 'praful]
stofzuiger (de)	aspirator (n)	[aspira'tor]
stofzuigen (ww)	a da cu aspiratorul	[a da ku aspira'torul]
vegen (de vloer ~)	a mătura	[a mətu'ra]
veegsel (het)	gunoi (n)	[gu'noj]
orde (de)	ordine (f)	['ordine]
wanorde (de)	dezordine (f)	[de'zordine]
zwabber (de)	teu (n)	['teu]
poetsdoek (de)	cârpă (f)	['kɨrpə]
veger (de)	mătură (f)	['məturə]
stofblik (het)	făraş (n)	[fə'raʃ]

89. Meubels. Interieur

meubels (mv.)	mobilă (f)	['mobilə]
tafel (de)	masă (f)	['masə]
stoel (de)	scaun (n)	['skaun]
bed (het)	pat (n)	[pat]
bankstel (het)	divan (n)	[di'van]
fauteuil (de)	fotoliu (n)	[fo'tolju]
boekenkast (de)	dulap (n) de cărți	[du'lap de kərts]
boekenrek (het)	raft (n)	[raft]
kledingkast (de)	dulap (n) de haine	[du'lap de 'hajne]
kapstok (de)	cuier (n) perete	[ku'jer pe'rete]

staande kapstok (de)	cuier (n) pom	[ku'jer pom]
commode (de)	comodă (f)	[ko'modə]
salontafeltje (het)	măsuţă (f)	[mə'sutsə]

spiegel (de)	oglindă (f)	[og'lində]
tapijt (het)	covor (n)	[ko'vor]
tapijtje (het)	carpetă (f)	[kar'petə]

haard (de)	şemineu (n)	[ʃəmi'neu]
kaars (de)	lumânare (f)	[lumi'nare]
kandelaar (de)	sfeşnic (n)	['sfeʃnik]

gordijnen (mv.)	draperii (f pl)	[drape'rij]
behang (het)	tapet (n)	[ta'pet]
jaloezie (de)	jaluzele (f pl)	[ʒalu'zele]

bureaulamp (de)	lampă (f) de birou	['lampə de bi'rou]
wandlamp (de)	lampă (f)	['lampə]
staande lamp (de)	lampă (f) cu picior	['lampə ku pi'tʃior]
luchter (de)	lustră (f)	['lustrə]

poot (ov. een tafel, enz.)	picior (n)	[pi'tʃior]
armleuning (de)	braţ (n) la fotoliu	['brats la fo'tolju]
rugleuning (de)	spătar (n)	[spə'tar]
la (de)	sertar (n)	[ser'tar]

90. Beddengoed

beddengoed (het)	lenjerie (f)	[lenʒe'rie]
kussen (het)	pernă (f)	['pernə]
kussenovertrek (de)	faţă (f) de pernă	['fatsə de 'pernə]
deken (de)	plapumă (f)	['plapumə]
laken (het)	cearşaf (n)	[tʃar'ʃaf]
sprei (de)	pătură (f)	[pəturə]

91. Keuken

keuken (de)	bucătărie (f)	[bukətə'rie]
gas (het)	gaz (n)	[gaz]
gasfornuis (het)	aragaz (n)	[ara'gaz]
elektrisch fornuis (het)	plită (f) electrică	['plitə e'lektrikə]
oven (de)	cuptor (n)	[kup'tor]
magnetronoven (de)	cuptor (n) cu microunde	[kup'tor ku mikro'unde]

koelkast (de)	frigider (n)	[fridʒi'der]
diepvriezer (de)	congelator (n)	[kondʒela'tor]
vaatwasmachine (de)	maşină (f) de spălat vase	[ma'ʃinə de spə'lat 'vase]

vleesmolen (de)	maşină (f) de tocat carne	[ma'ʃinə de to'kat 'karne]
vruchtenpers (de)	storcător (n)	[storkə'tor]
toaster (de)	prăjitor (n) de pâine	[prəʒi'tor de 'pine]
mixer (de)	mixer (n)	['mikser]

koffiemachine (de)	fierbător (n) de cafea	[fierbə'tor de ka'fʲa]
koffiepot (de)	ibric (n)	[i'brik]
koffiemolen (de)	râşniţă (f) de cafea	['riʃnitsə de ka'fʲa]

fluitketel (de)	ceainic (n)	['tʃajnik]
theepot (de)	ceainic (n)	['tʃajnik]
deksel (de/het)	capac (n)	[ka'pak]
theezeefje (het)	strecurătoare (f)	[strekurəto'are]

lepel (de)	lingură (f)	['lingurə]
theelepeltje (het)	linguriţă (f) de ceai	[lingu'ritsə de tʃaj]
eetlepel (de)	lingură (f)	['lingurə]
vork (de)	furculiţă (f)	[furku'litsə]
mes (het)	cuţit (n)	[ku'tsit]

vaatwerk (het)	vase (n pl)	['vase]
bord (het)	farfurie (f)	[farfu'rie]
schoteltje (het)	farfurioară (f)	[farfurio'arə]

likeurglas (het)	păhărel (n)	[pəhə'rel]
glas (het)	pahar (n)	[pa'har]
kopje (het)	ceaşcă (f)	['tʃaʃkə]

suikerpot (de)	zaharniţă (f)	[za'harnitsə]
zoutvat (het)	solniţă (f)	['solnitsə]
pepervat (het)	piperniţă (f)	[pi'pernitsə]
boterschaaltje (het)	untieră (f)	[un'tjerə]

pan (de)	cratiţă (f)	['kratitsə]
bakpan (de)	tigaie (f)	[ti'gae]
pollepel (de)	polonic (n)	[polo'nik]
vergiet (de/het)	strecurătoare (f)	[strekurəto'are]
dienblad (het)	tavă (f)	['tavə]

fles (de)	sticlă (f)	['stiklə]
glazen pot (de)	borcan (n)	[bor'kan]
blik (conserven~)	cutie (f)	[ku'tie]

flesopener (de)	deschizător (n) de sticle	[deskizə'tor de 'stikle]
blikopener (de)	deschizător (n) de conserve	[deskizə'tor de kon'serve]
kurkentrekker (de)	tirbuşon (n)	[tirbu'ʃon]
filter (de/het)	filtru (n)	['filtru]
filteren (ww)	a filtra	[a fil'tra]

| huisvuil (het) | gunoi (n) | [gu'noj] |
| vuilnisemmer (de) | coş (n) de gunoi | [koʃ de gu'noj] |

92. Badkamer

badkamer (de)	baie (f)	['bae]
water (het)	apă (f)	['apə]
kraan (de)	robinet (n)	[robi'net]
warm water (het)	apă (f) fierbinte	['apə fjer'binte]
koud water (het)	apă (f) rece	['apə 'retʃe]

| tandpasta (de) | pastă (f) de dinţi | ['pastə de dintsʲ] |
| tanden poetsen (ww) | a se spăla pe dinţi | [a se spə'la pe dintsʲ] |

zich scheren (ww)	a se bărbieri	[a se bərbie'ri]
scheercrème (de)	spumă (f) de ras	['spumə de 'ras]
scheermes (het)	brici (n)	['britʃi]

wassen (ww)	a spăla	[a spə'la]
een bad nemen	a se spăla	[a se spə'la]
douche (de)	duş (n)	[duʃ]
een douche nemen	a face duş	[a 'fatʃe duʃ]

bad (het)	cadă (f)	['kadə]
toiletpot (de)	closet (n)	[klo'set]
wastafel (de)	chiuvetă (f)	[kju'vetə]

| zeep (de) | săpun (n) | [sə'pun] |
| zeepbakje (het) | săpunieră (f) | [səpu'njerə] |

spons (de)	burete (n)	[bu'rete]
shampoo (de)	şampon (n)	[ʃam'pon]
handdoek (de)	prosop (n)	[pro'sop]
badjas (de)	halat (n)	[ha'lat]

was (bijv. handwas)	spălat (n)	[spə'lat]
wasmachine (de)	maşină (f) de spălat	[ma'ʃinə de spə'lat]
de was doen	a spăla haine	[a spə'la 'hajne]
waspoeder (de)	detergent (n)	[deter'dʒent]

93. Huishoudelijke apparaten

televisie (de)	televizor (n)	[televi'zor]
cassettespeler (de)	casetofon (n)	[kaseto'fon]
videorecorder (de)	videomagnetofon (n)	[videomagneto'fon]
radio (de)	aparat (n) de radio	[apa'rat de 'radio]
speler (de)	CD player (n)	[si'di 'pleer]

videoprojector (de)	proiector (n) video	[proek'tor 'video]
home theater systeem (het)	sistem (n) home cinema	[sis'tem 'houm 'sinema]
DVD-speler (de)	DVD-player (n)	[divi'di 'pleer]
versterker (de)	amplificator (n)	[amplifi'kator]
spelconsole (de)	consolă (f) de jocuri	[kon'solə de 'ʒokurʲ]

videocamera (de)	cameră (f) video	['kamerə 'video]
fotocamera (de)	aparat (n) foto	[apa'rat 'foto]
digitale camera (de)	aparat (n) foto digital	[apa'rat 'foto didʒi'tal]

stofzuiger (de)	aspirator (n)	[aspira'tor]
strijkijzer (het)	fier (n) de călcat	[fier de kəl'kat]
strijkplank (de)	masă (f) de călcat	['masə de kəl'kat]

telefoon (de)	telefon (n)	[tele'fon]
mobieltje (het)	telefon (n) mobil	[tele'fon mo'bil]
schrijfmachine (de)	maşină (f) de scris	[ma'ʃinə de skris]

naaimachine (de)	maşină (f) de cusut	[ma'ʃine de ku'sut]
microfoon (de)	microfon (n)	[mikro'fon]
koptelefoon (de)	căşti (f pl)	[kəʃtʲ]
afstandsbediening (de)	telecomandă (f)	[teleko'mande]

CD (de)	CD (n)	[si'di]
cassette (de)	casetă (f)	[ka'sete]
vinylplaat (de)	placă (f)	['plake]

94. Reparaties. Renovatie

renovatie (de)	reparaţie (f)	[repa'ratsie]
renoveren (ww)	a face reparaţie	[a 'fatʃe repa'ratsie]
repareren (ww)	a repara	[a repa'ra]
op orde brengen	a pune în ordine	[a 'pune in 'ordine]
overdoen (ww)	a reface	[a re'fatʃe]

verf (de)	vopsea (f)	[vop'sʲa]
verven (muur ~)	a vopsi	[a vop'si]
schilder (de)	zugrav (m)	[zu'grav]
kwast (de)	pensulă (f)	['pensule]

| kalk (de) | var (n) | [var] |
| kalken (ww) | a vărui | [a veru'i] |

behang (het)	tapet (n)	[ta'pet]
behangen (ww)	a tapeta	[a tape'ta]
lak (de/het)	lac (n)	[lak]
lakken (ww)	a lăcui	[a ləku'i]

95. Loodgieterswerk

water (het)	apă (f)	['ape]
warm water (het)	apă (f) fierbinte	['ape fjer'binte]
koud water (het)	apă (f) rece	['ape 'retʃe]
kraan (de)	robinet (n)	[robi'net]

druppel (de)	picătură (f)	[pike'ture]
druppelen (ww)	a picura	[a piku'ra]
lekken (een lek hebben)	a curge	[a 'kurdʒe]
lekkage (de)	scurgere (f)	['skurdʒere]
plasje (het)	baltă (f)	['balte]

buis, leiding (de)	ţeavă (f)	['tsʲave]
stopkraan (de)	ventil (n)	[ven'til]
verstopt raken (ww)	a se înfunda	[a se infun'da]

gereedschap (het)	instrumente (n pl)	[instru'mente]
Engelse sleutel (de)	cheie (f) reglabilă	['kee re'glabile]
losschroeven (ww)	a deşuruba	[a deʃuru'ba]
aanschroeven (ww)	a înşuruba	[a inʃuru'ba]
ontstoppen (riool, enz.)	a curăţa	[a kure'tsa]

87

loodgieter (de)	instalator (m)	[instala'tor]
kelder (de)	subsol (n)	[sub'sol]
riolering (de)	canalizare (f)	[kanali'zare]

96. Brand. Vuurzee

brand (de)	foc (n)	[fok]
vlam (de)	flacără (f)	['flakərə]
vonk (de)	scânteie (f)	[skin'tee]
rook (de)	fum (n)	[fum]
fakkel (de)	făclie (f)	[fək'lie]
kampvuur (het)	foc (n)	[fok]

benzine (de)	benzină (f)	[ben'zinə]
kerosine (de)	petrol (n)	[pe'trol]
brandbaar (bn)	inflamabil	[infla'mabil]
ontplofbaar (bn)	explozibil	[eksplo'zibil]
VERBODEN TE ROKEN!	NU FUMAȚI!	[nu fu'maʦ]

veiligheid (de)	siguranță (f)	[sigu'ranʦə]
gevaar (het)	pericol (n)	[pe'rikol]
gevaarlijk (bn)	periculos	[periku'los]

in brand vliegen (ww)	a lua foc	[a lu'a 'fok]
explosie (de)	explozie (f)	[eks'plozie]
in brand steken (ww)	a incendia	[a inʧendi'a]
brandstichter (de)	incendiator (m)	[inʧendia'tor]
brandstichting (de)	incendiere (f)	[inʧen'djere]

vlammen (ww)	a arde cu flăcări mari	[a 'arde ku fləkə'ri 'marˈ]
branden (ww)	a arde	[a 'arde]
afbranden (ww)	a arde din temelie	[a 'arde din teme'lie]

brandweerman (de)	pompier (m)	[pom'pjer]
brandweerwagen (de)	mașină (f) de pompieri	[ma'ʃinə de pom'pjerˈ]
brandweer (de)	echipă (f) de pompieri	[ekipə de pom'pjerˈ]
uitschuifbare ladder (de)	scară (f) de incendiu	['skarə de in'ʧendju]

brandslang (de)	furtun (n)	[fur'tun]
brandblusser (de)	stingător (n)	[stingə'tor]
helm (de)	cască (f)	['kaskə]
sirene (de)	sirenă (f)	[si'renə]

roepen (ww)	a striga	[a stri'ga]
hulp roepen	a chema în ajutor	[a ke'ma ɨn aʒu'tor]
redder (de)	salvator (m)	[salva'tor]
redden (ww)	a salva	[a sal'va]

aankomen (per auto, enz.)	a veni	[a ve'ni]
blussen (ww)	a stinge	[a 'stindʒe]
water (het)	apă (f)	['apə]
zand (het)	nisip (n)	[ni'sip]
ruïnes (mv.)	ruine (f pl)	[ru'ine]
instorten (gebouw, enz.)	a se prăbuși	[a se prəbu'ʃi]

| ineenstorten (ww) | a se dărâma | [a se dəri'ma] |
| inzakken (ww) | a se surpa | [a se sur'pa] |

| brokstuk (het) | dărâmătură (f) | [dərəmə'turə] |
| as (de) | scrum (n) | [skrum] |

| verstikken (ww) | a se sufoca | [a se sufo'ka] |
| omkomen (ww) | a deceda | [a detʃe'da] |

MENSELIJKE ACTIVITEITEN

Baan. Business. Deel 1

97. Bankieren

bank (de)	bancă (f)	['bankə]
bankfiliaal (het)	sucursală (f)	[sukur'salə]
bankbediende (de)	consultant (m)	[konsul'tant]
manager (de)	director (m)	[di'rektor]
bankrekening (de)	cont (n)	[kont]
rekeningnummer (het)	numărul (n) contului	['numərul 'kontuluj]
lopende rekening (de)	cont (n) curent	[kont ku'rent]
spaarrekening (de)	cont (n) de acumulare	[kont de akumu'lare]
een rekening openen	a deschide un cont	[a des'kide un kont]
de rekening sluiten	a închide contul	[a i'nkide 'kontul]
op rekening storten	a pune în cont	[a 'pune in 'kont]
opnemen (ww)	a extrage din cont	[a eks'tradʒe din kont]
storting (de)	depozit (n)	[de'pozit]
een storting maken	a depune	[a de'pune]
overschrijving (de)	transfer (n)	[trans'fer]
een overschrijving maken	a transfera	[a transfe'ra]
som (de)	sumă (f)	['sumə]
Hoeveel?	Cât?	[kit]
handtekening (de)	semnătură (f)	[semnə'turə]
ondertekenen (ww)	a semna	[a sem'na]
kredietkaart (de)	carte (f) de credit	['karte de 'kredit]
code (de)	cod (n)	[kod]
kredietkaartnummer (het)	numărul (n) cărţii de credit	['numərul kərtsij de 'kredit]
geldautomaat (de)	bancomat (n)	[banko'mat]
cheque (de)	cec (n)	[tʃek]
een cheque uitschrijven	a scrie un cec	[a 'skrie un tʃek]
chequeboekje (het)	carte (f) de cecuri	['karte de 'tʃekuri]
lening, krediet (de)	credit (n)	['kredit]
een lening aanvragen	a solicita un credit	[a solitʃi'ta pe 'kredit]
een lening nemen	a lua pe credit	[a lu'a pe 'kredit]
een lening verlenen	a acorda credit	[a akor'da 'kredit]
garantie (de)	garanţie (f)	[garan'tsie]

98. Telefoon. Telefoongesprek

telefoon (de)	telefon (n)	[tele'fon]
mobieltje (het)	telefon (n) mobil	[tele'fon mo'bil]
antwoordapparaat (het)	răspuns (n) automat	[rəs'puns auto'mat]

bellen (ww)	a suna, a telefona	[a su'na], [a tele'fona]
belletje (telefoontje)	apel (n), convorbire (f)	[a'pel], [konvor'bire]

een nummer draaien	a forma un număr	[a for'ma un 'numər]
Hallo!	Alo!	[a'lo]
vragen (ww)	a întreba	[a intre'ba]
antwoorden (ww)	a răspunde	[a rəs'punde]

horen (ww)	a auzi	[a au'zi]
goed (bw)	bine	['bine]
slecht (bw)	rău	['rəu]
storingen (mv.)	bruiaj (n)	[bru'jaʒ]

hoorn (de)	receptor (n)	[retʃep'tor]
opnemen (ww)	a lua receptorul	[a lu'a retʃep'torul]
ophangen (ww)	a pune receptorul	[a 'pune retʃep'torul]

bezet (bn)	ocupat	[oku'pat]
overgaan (ww)	a suna	[a su'na]
telefoonboek (het)	carte (f) de telefon	['karte de tele'fon]

lokaal (bn)	local	[lo'kal]
interlokaal (bn)	interurban	[interur'ban]
buitenlands (bn)	internațional	[internatsio'nal]

99. Mobiele telefoon

mobieltje (het)	telefon (n) mobil	[tele'fon mo'bil]
scherm (het)	ecran (n)	[e'kran]
toets, knop (de)	buton (n)	[bu'ton]
simkaart (de)	cartelă (f) SIM	[kar'telə 'sim]

batterij (de)	baterie (f)	[bate'rie]
leeg zijn (ww)	a se descărca	[a se deskər'ka]
acculader (de)	încărcător (m)	[inkərkə'tor]

menu (het)	meniu (n)	[me'nju]
instellingen (mv.)	setări (f)	[se'tər']
melodie (beltoon)	melodie (f)	[melo'die]
selecteren (ww)	a selecta	[a selek'ta]

rekenmachine (de)	calculator (n)	[kalkula'tor]
voicemail (de)	răspuns (n) automat	[rəs'puns auto'mat]
wekker (de)	ceas (n) deşteptător	[tʃas deʃteptə'tor]
contacten (mv.)	carte (f) de telefoane	['karte de telefo'ane]
SMS-bericht (het)	SMS (n)	[ese'mes]
abonnee (de)	abonat (m)	[abo'nat]

100. Schrijfbehoeften

balpen (de)	stilou (n)	[sti'lou]
vulpen (de)	condei (n)	[kon'dej]
potlood (het)	creion (n)	[kre'jon]
marker (de)	marcher (n)	['marker]
viltstift (de)	cariocă (f)	[kari'okə]
notitieboekje (het)	carnețel (n)	[karnə'tsəl]
agenda (boekje)	agendă (f)	[a'dʒendə]
liniaal (de/het)	riglă (f)	['riglə]
rekenmachine (de)	calculator (f)	[kalkula'tor]
gom (de)	radieră (f)	[radi'erə]
punaise (de)	piuneză (f)	[pju'nezə]
paperclip (de)	clamă (f)	['klamə]
lijm (de)	lipici (n)	[li'pitʃi]
nietmachine (de)	capsator (n)	[kapsa'tor]
perforator (de)	perforator (n)	[perfo'rator]
potloodslijper (de)	ascuțitoare (f)	[askutsito'are]

Baan. Business. Deel 2

101. Massamedia

krant (de)	ziar (n)	[zjar]
tijdschrift (het)	revistă (f)	[re'vistə]
pers (gedrukte media)	presă (f)	['prese]
radio (de)	radio (n)	['radio]
radiostation (het)	post (n) de radio	[post de 'radio]
televisie (de)	televiziune (f)	[televizi'une]
presentator (de)	prezentator (m)	[prezenta'tor]
nieuwslezer (de)	prezentator (m)	[prezenta'tor]
commentator (de)	comentator (m)	[komenta'tor]
journalist (de)	jurnalist (m)	[ʒurna'list]
correspondent (de)	corespondent (m)	[korespon'dent]
fotocorrespondent (de)	foto-reporter (m)	['foto re'porter]
reporter (de)	reporter (m)	[re'porter]
redacteur (de)	redactor (m)	[re'daktor]
chef-redacteur (de)	redactor-şef (m)	[re'daktor 'ʃef]
zich abonneren op	a se abona	[a se abo'na]
abonnement (het)	abonare (f)	[abo'nare]
abonnee (de)	abonat (m)	[abo'nat]
lezen (ww)	a citi	[a tʃi'ti]
lezer (de)	cititor (m)	[tʃiti'tor]
oplage (de)	tiraj (n)	[ti'raʒ]
maand-, maandelijks (bn)	lunar	[lu'nar]
wekelijks (bn)	săptămânal	[səptəmi'nal]
nummer (het)	număr (n)	['numər]
vers (~ van de pers)	nou	['nou]
kop (de)	titlu (n)	['titlu]
korte artikel (het)	notă (f)	['note]
rubriek (de)	rubrică (f)	['rubrikə]
artikel (het)	articol (n)	[ar'tikol]
pagina (de)	pagină (f)	['padʒinə]
reportage (de)	reportaj (n)	[repor'taʒ]
gebeurtenis (de)	eveniment (n)	[eveni'ment]
sensatie (de)	senzaţie (f)	[sen'zatsie]
schandaal (het)	scandal (n)	[skan'dal]
schandalig (bn)	scandalos	[skanda'los]
groot (~ schandaal, enz.)	zgomotos	[zgomo'tos]
programma (het)	emisiune (f)	[emisi'une]
interview (het)	interviu (n)	[inter'vju]

| live uitzending (de) | în direct (m) | [in di'rekt] |
| kanaal (het) | post (n) | [post] |

102. Landbouw

landbouw (de)	agricultură (f)	[agrikul'turə]
boer (de)	țăran (m)	[tsə'ran]
boerin (de)	țărancă (f)	[tsə'rankə]
landbouwer (de)	fermier (m)	[fer'mjer]

| tractor (de) | tractor (n) | [trak'tor] |
| maaidorser (de) | combină (f) | [kom'binə] |

ploeg (de)	plug (n)	[plug]
ploegen (ww)	a ara	[a a'ra]
akkerland (het)	ogor (n)	[o'gor]
voor (de)	brazdă (f)	['brazdə]

zaaien (ww)	a semăna	[a semə'na]
zaaimachine (de)	semănătoare (f)	[semənəto'are]
zaaien (het)	semănare (f)	[semə'nare]

| zeis (de) | coasă (f) | [ko'asə] |
| maaien (ww) | a cosi | [a ko'si] |

| schop (de) | hârleț (n) | [hir'lets] |
| spitten (ww) | a săpa | [a sə'pa] |

schoffel (de)	sapă (f)	['sapə]
wieden (ww)	a plivi	[a pli'vi]
onkruid (het)	buruiană (f)	[buru'janə]

gieter (de)	stropitoare (f)	[stropito'are]
begieten (water geven)	a uda	[a u'da]
bewatering (de)	irigare (f)	[iri'gare]

| riek, hooivork (de) | furcă (f) | ['furkə] |
| hark (de) | greblă (f) | ['greblə] |

kunstmest (de)	îngrășământ (n)	[ingrəʃə'mint]
bemesten (ww)	a îngrășa	[a ingrə'ʃa]
mest (de)	gunoi (n) de grajd	[gu'noj de graʒd]

veld (het)	câmp (n)	[kimp]
wei (de)	luncă (f)	['lunkə]
moestuin (de)	grădină (f) de zarzavat	[grə'dinə de zarza'vat]
boomgaard (de)	grădină (f)	[grə'dinə]

weiden (ww)	a paște	[a 'paʃte]
herder (de)	păstor (m)	[pəs'tor]
weiland (de)	pășune (f)	[pə'ʃune]

| veehouderij (de) | zootehnie (f) | [zooteh'nie] |
| schapenteelt (de) | ovicultură (f) | [ovikul'turə] |

plantage (de)	plantație (f)	[plan'tatsie]
rijtje (het)	strat (n)	[strat]
broeikas (de)	răsadniță (f)	[rə'sadnitsə]

| droogte (de) | secetă (f) | ['setʃetə] |
| droog (bn) | secetos | [setʃe'tos] |

| graangewassen (mv.) | cereale (f pl) | [tʃere'ale] |
| oogsten (ww) | a strânge | [a 'strɨndʒe] |

molenaar (de)	morar (m)	[mo'rar]
molen (de)	moară (f)	[mo'arə]
malen (graan ~)	a măcina grăunțe	[a mətʃi'na grə'untse]
bloem (bijv. tarwebloem)	făină (f)	[fə'inə]
stro (het)	paie (n pl)	['pae]

103. Gebouw. Bouwproces

bouwplaats (de)	șantier (n)	[ʃan'tjer]
bouwen (ww)	a construi	[a konstru'i]
bouwvakker (de)	constructor (m)	[kon'struktor]

project (het)	proiect (n)	[pro'ekt]
architect (de)	arhitect (m)	[arhi'tekt]
arbeider (de)	muncitor (m)	[muntʃi'tor]

fundering (de)	fundament (n)	[funda'ment]
dak (het)	acoperiș (n)	[akope'riʃ]
heipaal (de)	pilon (m)	[pi'lon]
muur (de)	perete (m)	[pe'rete]

| betonstaal (het) | armătură (f) | [armə'turə] |
| steigers (mv.) | schele (f) | ['skele] |

beton (het)	beton (n)	[be'ton]
graniet (het)	granit (n)	[gra'nit]
steen (de)	piatră (f)	['pjatrə]
baksteen (de)	cărămidă (f)	[kərə'midə]

zand (het)	nisip (n)	[ni'sip]
cement (de/het)	ciment (n)	[tʃi'ment]
pleister (het)	tencuială (f)	[tenku'jalə]
pleisteren (ww)	a tencui	[a tenku'i]

verf (de)	vopsea (f)	[vop'sʲa]
verven (muur ~)	a vopsi	[a vop'si]
ton (de)	butoi (n)	[bu'toj]

kraan (de)	macara (f)	[maka'ra]
heffen, hijsen (ww)	a ridica	[a ridi'ka]
neerlaten (ww)	a coborî	[a kobo'rɨ]

| bulldozer (de) | buldozer (n) | [bul'dozer] |
| graafmachine (de) | excavator (n) | [ekskava'tor] |

graafbak (de)	căuş (n)	[kə'uʃ]
graven (tunnel, enz.)	a săpa	[a sə'pa]
helm (de)	cască (f)	['kaskə]

Beroepen en ambachten

104. Zoeken naar werk. Ontslag

baan (de)	serviciu (n)	[ser'vitʃiu]
werknemers (mv.)	cadre (n pl)	['kadre]
carrière (de)	carieră (f)	[ka'rjere]
vooruitzichten (mv.)	perspectivă (f)	[perspek'tive]
meesterschap (het)	îndemânare (f)	[indemi'nare]
keuze (de)	alegere (f)	[a'ledʒere]
uitzendbureau (het)	agenţie (f) de cadre	[adʒen'tsie de 'kadre]
CV, curriculum vitae (het)	CV (n)	[si'vi]
sollicitatiegesprek (het)	interviu (n)	[inter'vju]
vacature (de)	post (n) vacant	['post va'kant]
salaris (het)	salariu (n)	[sa'larju]
vaste salaris (het)	salariu (n)	[sa'larju]
loon (het)	plată (f)	['plate]
betrekking (de)	funcţie (f)	['funktsie]
taak, plicht (de)	obligaţie (f)	[obli'gatsie]
takenpakket (het)	domeniu (n)	[do'menju]
bezig (~ zijn)	ocupat	[oku'pat]
ontslagen (ww)	a concedia	[a kontʃedi'a]
ontslag (het)	concediere (f)	[kontʃe'djere]
werkloosheid (de)	şomaj (n)	[ʃo'maʒ]
werkloze (de)	şomer (m)	[ʃo'mer]
pensioen (het)	pensie (f)	['pensie]
met pensioen gaan	a se pensiona	[a se pensio'na]

105. Zakenmensen

directeur (de)	director (m)	[di'rektor]
beheerder (de)	administrator (m)	[adminis'trator]
hoofd (het)	conducător (m)	[konduke'tor]
baas (de)	şef (m)	[ʃef]
superieuren (mv.)	conducere (f)	[kon'dutʃere]
president (de)	preşedinte (m)	[preʃe'dinte]
voorzitter (de)	preşedinte (m)	[preʃe'dinte]
adjunct (de)	adjunct (m)	[a'dʒunkt]
assistent (de)	asistent (m)	[asis'tent]
secretaris (de)	secretar (m)	[sekre'tar]

persoonlijke assistent (de)	secretar (m) personal	[sekre'tar perso'nal]
zakenman (de)	om (m) de afaceri	[om de a'fatʃer]
ondernemer (de)	întreprinzător (m)	[întreprinzə'tor]
oprichter (de)	fondator (m)	[fonda'tor]
oprichten	a fonda	[a fon'da]
(een nieuw bedrijf ~)		

stichter (de)	fondator (m)	[fonda'tor]
partner (de)	partener (m)	[parte'ner]
aandeelhouder (de)	acționar (m)	[aktsio'nar]

miljonair (de)	milionar (m)	[milio'nar]
miljardair (de)	miliardar (n)	[miliar'dar]
eigenaar (de)	proprietar (m)	[proprie'tar]
landeigenaar (de)	proprietar (m) funciar	[proprie'tar funtʃi'ar]

klant (de)	client (m)	[kli'ent]
vaste klant (de)	client (m) fidel	[kli'ent fi'del]
koper (de)	cumpărător (m)	[kumpərə'tor]
bezoeker (de)	vizitator (m)	[vizita'tor]

professioneel (de)	profesionist (m)	[profesio'nist]
expert (de)	expert (m)	[eks'pert]
specialist (de)	specialist (m)	[spetʃia'list]

bankier (de)	bancher (m)	[ban'ker]
makelaar (de)	broker (m)	['broker]

kassier (de)	casier (m)	[ka'sjer]
boekhouder (de)	contabil (f)	[kon'tabil]
bewaker (de)	paznic (m)	['paznik]

investeerder (de)	investitor (m)	[investi'tor]
schuldenaar (de)	datornic (m)	[da'tornik]
crediteur (de)	creditor (m)	[kredi'tor]
lener (de)	datornic (m)	[da'tornik]

importeur (de)	importator (m)	[importa'tor]
exporteur (de)	exportator (m)	[eksporta'tor]

producent (de)	producător (m)	[produkə'tor]
distributeur (de)	distribuitor (m)	[distribui'tor]
bemiddelaar (de)	intermediar (m)	[intermedi'ar]

adviseur, consulent (de)	consultant (m)	[konsul'tant]
vertegenwoordiger (de)	reprezentant (m)	[reprezen'tant]
agent (de)	agent (m)	[a'dʒent]
verzekeringsagent (de)	agent (m) de asigurare	[a'dʒent de asigu'rare]

106. Dienstverlenende beroepen

kok (de)	bucătar (m)	[bukə'tar]
chef-kok (de)	bucătar-șef (m)	[bukə'tar 'ʃef]
bakker (de)	brutar (m)	[bru'tar]

barman (de)	barman (m)	['barman]
kelner, ober (de)	chelner (m)	['kelner]
serveerster (de)	chelneriţă (f)	[kelne'ritsə]
advocaat (de)	avocat (m)	[avo'kat]
jurist (de)	jurist (m)	[ʒu'rist]
notaris (de)	notar (m)	[no'tar]
elektricien (de)	electrician (m)	[elektritʃi'an]
loodgieter (de)	instalator (m)	[instala'tor]
timmerman (de)	dulgher (m)	[dul'ger]
masseur (de)	masor (m)	[ma'sor]
masseuse (de)	maseză (f)	[ma'sezə]
dokter, arts (de)	medic (m)	['medik]
taxichauffeur (de)	taximetrist (m)	[taksime'trist]
chauffeur (de)	şofer (m)	[ʃo'fer]
koerier (de)	curier (m)	[ku'rjer]
kamermeisje (het)	femeie (f) de serviciu	[fe'mee de ser'vitʃiu]
bewaker (de)	paznic (m)	['paznik]
stewardess (de)	stewardesă (f)	[stjuar'desə]
meester (de)	profesor (m)	[pro'fesor]
bibliothecaris (de)	bibliotecar (m)	[bibliote'kar]
vertaler (de)	traducător (m)	[traduke'tor]
tolk (de)	interpret (m)	[inter'pret]
gids (de)	ghid (m)	[gid]
kapper (de)	frizer (m)	[fri'zer]
postbode (de)	poştaş (m)	[poʃ'taʃ]
verkoper (de)	vânzător (m)	[vɨnzə'tor]
tuinman (de)	grădinar (m)	[grədi'nar]
huisbediende (de)	servitor (m)	[servi'tor]
dienstmeisje (het)	servitoare (f)	[servito'are]
schoonmaakster (de)	femeie (f) de serviciu	[fe'mee de ser'vitʃiu]

107. Militaire beroepen en rangen

soldaat (rang)	soldat (m)	[sol'dat]
sergeant (de)	sergent (m)	[ser'dʒent]
luitenant (de)	locotenent (m)	[lokote'nent]
kapitein (de)	căpitan (m)	[kəpi'tan]
majoor (de)	maior (m)	[ma'jor]
kolonel (de)	colonel (m)	[kolo'nel]
generaal (de)	general (m)	[dʒene'ral]
maarschalk (de)	mareşal (m)	[mare'ʃal]
admiraal (de)	amiral (m)	[ami'ral]
militair (de)	militar (m)	[mili'tar]
soldaat (de)	soldat (m)	[sol'dat]

| officier (de) | ofiţer (m) | [ofi'tser] |
| commandant (de) | comandant (m) | [koman'dant] |

grenswachter (de)	grănicer (m)	[grəni'tʃer]
marconist (de)	radist (m)	[ra'dist]
verkenner (de)	cercetaş (m)	[tʃertʃe'taʃ]
sappeur (de)	genist (m)	[dʒe'nist]
schutter (de)	trăgător (m)	[trəgə'tor]
stuurman (de)	navigator (m)	[naviga'tor]

108. Ambtenaren. Priesters

| koning (de) | rege (m) | ['redʒe] |
| koningin (de) | regină (f) | [re'dʒinə] |

| prins (de) | prinţ (m) | [prints] |
| prinses (de) | prinţesă (f) | [prin'tsesə] |

| tsaar (de) | ţar (m) | [tsar] |
| tsarina (de) | ţarină (f) | [tsa'rinə] |

president (de)	preşedinte (m)	[preʃə'dinte]
minister (de)	ministru (m)	[mi'nistru]
eerste minister (de)	prim-ministru (m)	['prim mi'nistru]
senator (de)	senator (m)	[sena'tor]

diplomaat (de)	diplomat (m)	[diplo'mat]
consul (de)	consul (m)	['konsul]
ambassadeur (de)	ambasador (m)	[ambasa'dor]
adviseur (de)	consilier (m)	[konsi'ljer]

ambtenaar (de)	funcţionar (m)	[funktsio'nar]
prefect (de)	prefect (m)	[pre'fekt]
burgemeester (de)	primar (m)	[pri'mar]

| rechter (de) | judecător (m) | [ʒudekə'tor] |
| aanklager (de) | procuror (m) | [proku'ror] |

missionaris (de)	misionar (m)	[misio'nar]
monnik (de)	călugăr (m)	[kə'lugər]
abt (de)	abate (m)	[a'bate]
rabbi, rabbijn (de)	rabin (m)	[ra'bin]

vizier (de)	vizir (m)	[vi'zir]
sjah (de)	şah (m)	[ʃah]
sjeik (de)	şeic (m)	['ʃejk]

109. Agrarische beroepen

imker (de)	apicultor (m)	[apikul'tor]
herder (de)	păstor (m)	[pəs'tor]
landbouwkundige (de)	agronom (m)	[agro'nom]

| veehouder (de) | zootehnician (m) | [zootehnitʃi'an] |
| dierenarts (de) | veterinar (m) | [veteri'nar] |

landbouwer (de)	fermier (m)	[fer'mjer]
wijnmaker (de)	vinificator (m)	[vinifika'tor]
zoöloog (de)	zoolog (m)	[zoo'log]
cowboy (de)	cowboy (m)	['kauboj]

110. Kunst beroepen

| acteur (de) | actor (m) | [ak'tor] |
| actrice (de) | actriță (f) | [ak'tritsə] |

| zanger (de) | cântăreț (m) | [kintə'rets] |
| zangeres (de) | cântăreață (f) | [kintə'rʲatsə] |

| danser (de) | dansator (m) | [dansa'tor] |
| danseres (de) | dansatoare (f) | [dansato'are] |

| artiest (mann.) | artist (m) | [ar'tist] |
| artiest (vrouw.) | artistă (f) | [ar'tistə] |

muzikant (de)	muzician (m)	[muzitʃi'an]
pianist (de)	pianist (m)	[pia'nist]
gitarist (de)	chitarist (m)	[kita'rist]

orkestdirigent (de)	dirijor (m)	[diri'ʒor]
componist (de)	compozitor (m)	[kompo'zitor]
impresario (de)	impresar (m)	[impre'sar]

filmregisseur (de)	regizor (m)	[re'dʒizor]
filmproducent (de)	producător (m)	[produkə'tor]
scenarioschrijver (de)	scenarist (m)	[stʃena'rist]
criticus (de)	critic (m)	['kritik]

schrijver (de)	scriitor (m)	[skrii'tor]
dichter (de)	poet (m)	[po'et]
beeldhouwer (de)	sculptor (m)	['skulptor]
kunstenaar (de)	pictor (m)	['piktor]

jongleur (de)	jongler (m)	[ʒon'gler]
clown (de)	clovn (m)	[klovn]
acrobaat (de)	acrobat (m)	[akro'bat]
goochelaar (de)	magician (m)	[madʒitʃi'an]

111. Verschillende beroepen

dokter, arts (de)	medic (m)	['medik]
ziekenzuster (de)	asistentă (f) medicală	[asis'tentə medi'kalə]
psychiater (de)	psihiatru (m)	[psihi'atru]
tandarts (de)	stomatolog (m)	[stomato'log]
chirurg (de)	chirurg (m)	[ki'rurg]

astronaut (de)	astronaut (m)	[astrona'ut]
astronoom (de)	astronom (m)	[astro'nom]
piloot (de)	pilot (m)	[pi'lot]
chauffeur (de)	şofer (m)	[ʃo'fer]
machinist (de)	maşinist (m)	[maʃi'nist]
mecanicien (de)	mecanic (m)	[me'kanik]
mijnwerker (de)	miner (m)	[mi'ner]
arbeider (de)	muncitor (m)	[muntʃi'tor]
bankwerker (de)	lăcătuş (m)	[ləkə'tuʃ]
houtbewerker (de)	tâmplar (m)	[tɨm'plar]
draaier (de)	strungar (m)	[strun'gar]
bouwvakker (de)	constructor (m)	[kon'struktor]
lasser (de)	sudor (m)	[su'dor]
professor (de)	profesor (m)	[pro'fesor]
architect (de)	arhitect (m)	[arhi'tekt]
historicus (de)	istoric (m)	[is'torik]
wetenschapper (de)	savant (m)	[sa'vant]
fysicus (de)	fizician (m)	[fizitʃi'an]
scheikundige (de)	chimist (m)	[ki'mist]
archeoloog (de)	arheolog (m)	[arheo'log]
geoloog (de)	geolog (m)	[dʒeo'log]
onderzoeker (de)	cercetător (m)	[tʃertʃetə'tor]
babysitter (de)	dădacă (f)	[də'dakə]
leraar, pedagoog (de)	pedagog (m)	[peda'gog]
redacteur (de)	redactor (m)	[re'daktor]
chef-redacteur (de)	redactor-şef (m)	[re'daktor 'ʃef]
correspondent (de)	corespondent (m)	[korespon'dent]
typiste (de)	dactilografă (f)	[daktilo'grafə]
designer (de)	designer (m)	[di'zajner]
computerexpert (de)	operator (m)	[opera'tor]
programmeur (de)	programator (m)	[programa'tor]
ingenieur (de)	inginer (m)	[indʒi'ner]
matroos (de)	marinar (m)	[mari'nar]
zeeman (de)	marinar (m)	[mari'nar]
redder (de)	salvator (m)	[salva'tor]
brandweerman (de)	pompier (m)	[pom'pjer]
politieagent (de)	poliţist (m)	[poli'tsist]
nachtwaker (de)	paznic (m)	['paznik]
detective (de)	detectiv (m)	[detek'tiv]
douanier (de)	vameş (m)	['vameʃ]
lijfwacht (de)	gardă (f) de corp	['garde de 'korp]
gevangenisbewaker (de)	supraveghetor (m)	[supravege'tor]
inspecteur (de)	inspector (m)	[in'spektor]
sportman (de)	sportiv (m)	[spor'tiv]
trainer (de)	antrenor (m)	[antre'nor]

slager, beenhouwer (de)	măcelar (m)	[məʧe'lar]
schoenlapper (de)	cizmar (m)	[ʧiz'mar]
handelaar (de)	comerciant (m)	[komerʧi'ant]
lader (de)	hamal (m)	[ha'mal]

| kledingstilist (de) | modelier (n) | [mode'ljer] |
| model (het) | model (n) | [mo'del] |

112. Beroepen. Sociale status

| scholier (de) | elev (m) | [e'lev] |
| student (de) | student (m) | [stu'dent] |

filosoof (de)	filozof (m)	[filo'zof]
econoom (de)	economist (m)	[ekono'mist]
uitvinder (de)	inventator (m)	[inventa'tor]

werkloze (de)	șomer (m)	[ʃo'mer]
gepensioneerde (de)	pensionar (m)	[pensio'nar]
spion (de)	spion (m)	[spi'on]

gedetineerde (de)	arestat (m)	[ares'tat]
staker (de)	grevist (m)	[gre'vist]
bureaucraat (de)	birocrat (m)	[biro'krat]
reiziger (de)	călător (m)	[kələ'tor]

| homoseksueel (de) | homosexual (m) | [homoseksu'al] |
| hacker (computerkraker) | hacker (m) | ['haker] |

bandiet (de)	bandit (m)	[ban'dit]
huurmoordenaar (de)	asasin (m) plătit	[asa'sin plə'tit]
drugsverslaafde (de)	narcoman (m)	[narko'man]
drugshandelaar (de)	vânzător (m) de droguri	[vinzə'tor de 'drogur']
prostituee (de)	prostituată (f)	[prostitu'atə]
pooier (de)	proxenet (m)	[prokse'net]

tovenaar (de)	vrăjitor (m)	[vrəʒi'tor]
tovenares (de)	vrăjitoare (f)	[vrəʒito'are]
piraat (de)	pirat (m)	[pi'rat]
slaaf (de)	rob (m)	[rob]
samoerai (de)	samurai (m)	[samu'raj]
wilde (de)	sălbatic (m)	[səl'batik]

Sport

113. Soorten sporten. Sporters

sportman (de)	sportiv (m)	[spor'tiv]
soort sport (de/het)	gen (n) de sport	['dʒen de 'sport]
basketbal (het)	baschet (n)	['basket]
basketbalspeler (de)	baschetbalist (m)	[basketba'list]
baseball (het)	base-ball (n)	['bejsbol]
baseballspeler (de)	jucător (m) de base-ball	[ʒukə'tor de 'bejsbol]
voetbal (het)	fotbal (n)	['fotbal]
voetballer (de)	fotbalist (m)	[fotba'list]
doelman (de)	portar (m)	[por'tar]
hockey (het)	hochei (n)	['hokej]
hockeyspeler (de)	hocheist (m)	[hoke'ist]
volleybal (het)	volei (n)	['volej]
volleybalspeler (de)	voleibalist (m)	[volejba'list]
boksen (het)	box (n)	[boks]
bokser (de)	boxer (m)	[bok'ser]
worstelen (het)	luptă (f)	['luptə]
worstelaar (de)	luptător (m)	[luptə'tor]
karate (de)	carate (n)	[ka'rate]
karateka (de)	karatist (m)	[kara'tist]
judo (de)	judo (n)	['dʒudo]
judoka (de)	judocan (m)	[dʒudo'kan]
tennis (het)	tenis (n)	['tenis]
tennisspeler (de)	tenisman (m)	[tenis'man]
zwemmen (het)	înot (n)	[i'not]
zwemmer (de)	înotător (m)	[inotə'tor]
schermen (het)	scrimă (f)	['skrimə]
schermer (de)	jucător (m) de scrimă	[ʒukə'tor de 'skrimə]
schaak (het)	şah (n)	[ʃah]
schaker (de)	şahist (m)	[ʃa'hist]
alpinisme (het)	alpinism (n)	[alpi'nizm]
alpinist (de)	alpinist (m)	[alpi'nist]
hardlopen (het)	alergare (f)	[aler'gare]

renner (de)	alergător (m)	[alergə'tor]
atletiek (de)	atletism (n)	[atle'tizm]
atleet (de)	atlet (m)	[at'let]

| paardensport (de) | hipism (n) | [hi'pism] |
| ruiter (de) | călăreț (m) | [kələ'rets] |

kunstschaatsen (het)	patinaj (n) artistic	[pati'naʒ ar'tistik]
kunstschaatser (de)	patinator (m) artistic	[patina'tor ar'tistik]
kunstschaatsster (de)	patinatore (f) artistică	[patinato'are ar'tistikə]

| gewichtheffen (het) | atletică (f) grea | [at'letikə gr'a] |
| gewichtheffer (de) | halterofil (m) | [haltero'fil] |

| autoraces (mv.) | raliu (n) | [ra'liu] |
| coureur (de) | pilot (m) de curse | [pi'lot de 'kurse] |

| wielersport (de) | ciclism (n) | [tʃi'klizm] |
| wielrenner (de) | ciclist (m) | [tʃi'klist] |

verspringen (het)	sărituri (f pl) în lungime	[səri'turi in lun'dʒime]
polsstokspringen (het)	săritură (f) cu prăjina	[səri'turə ku prə'ʒina]
verspringer (de)	săritor (m)	[səri'tor]

114. Soorten sporten. Diversen

Amerikaans voetbal (het)	fotbal (n) american	['fotbal ameri'kan]
badminton (het)	badminton (n)	[bedmin'ton]
biatlon (de)	biatlon (n)	[biat'lon]
biljart (het)	biliard (n)	[bi'ljard]

bobsleeën (het)	bob (n)	[bob]
bodybuilding (de)	culturism (n)	[kultu'rism]
waterpolo (het)	polo (n) pe apă	['polo pe 'apə]
handbal (de)	handbal (n)	['handbal]
golf (het)	golf (n)	[golf]

roeisport (de)	canotaj (n)	[kano'taʒ]
duiken (het)	scufundare (f)	[skufun'dare]
langlaufen (het)	concurs (n) de schi	[ko'nkurs de 'ski]
tafeltennis (het)	tenis (n) de masă	['tenis de 'masə]

zeilen (het)	iahting (n)	['jahting]
rally (de)	raliu (n)	[ra'liu]
rugby (het)	rugby (n)	['regbi]
snowboarden (het)	snowboard (n)	[snou'bord]
boogschieten (het)	tragere (f) cu arcul	['tradʒere 'ku 'arkul]

115. Fitnessruimte

| lange halter (de) | halteră (f) | [hal'terə] |
| halters (mv.) | haltere (f pl) | ['haltere] |

training machine (de)	dispozitiv (n) pentru antrenament	[dispozi'tiv 'pentru antrena'ment]
hometrainer (de)	bicicletă (f)	[bitʃi'kletə]
loopband (de)	pistă (f) de alergare	['pistə de aler'gare]
rekstok (de)	bară (f)	['barə]
brug (de) gelijke leggers	bare (f pl)	['bare]
paardsprong (de)	cal (m) de gimnastică	['kal de dʒim'nastikə]
mat (de)	saltea (f)	[sal'tʲa]
aerobics (de)	aerobică (f)	[ae'robikə]
yoga (de)	yoga (f)	['joga]

116. Sporten. Diversen

Olympische Spelen (mv.)	Jocuri (n pl) Olimpice	['ʒokurʲ o'limpitʃe]
winnaar (de)	învingător (m)	[invingə'tor]
overwinnen (ww)	a învinge	[a in'vindʒe]
winnen (ww)	a câştiga	[a kiʃti'ga]
leider (de)	lider (m)	['lider]
leiden (ww)	a fi în fruntea	[a fi in 'fruntʲa]
eerste plaats (de)	primul loc (n)	['primul lok]
tweede plaats (de)	al doilea loc (n)	[al 'dojlʲa lok]
derde plaats (de)	al treilea loc (n)	[al 'trejlʲa lok]
medaille (de)	medalie (f)	[me'dalie]
trofee (de)	trofeu (n)	[tro'feu]
beker (de)	cupă (f)	['kupə]
prijs (de)	premiu (n)	['premju]
hoofdprijs (de)	premiul (n) principal	['premjul printʃi'pal]
record (het)	record (n)	[re'kord]
een record breken	a bate recordul	[a 'bate re'kordul]
finale (de)	finală (f)	[fi'nalə]
finale (bn)	final	[fi'nal]
kampioen (de)	campion (m)	[kampi'on]
kampioenschap (het)	campionat (n)	[kampio'nat]
stadion (het)	stadion (n)	[stadi'on]
tribune (de)	tribună (f)	[tri'bunə]
fan, supporter (de)	suporter (m)	[su'porter]
tegenstander (de)	adversar (m)	[adver'sar]
start (de)	start (n)	[start]
finish (de)	finiş (n)	['finiʃ]
nederlaag (de)	înfrângere (f)	[in'frindʒere]
verliezen (ww)	a pierde	[a 'pjerde]
rechter (de)	arbitru (m)	[ar'bitru]
jury (de)	juriu (n)	['ʒurju]

stand (~ is 3-1)	scor (n)	[skor]
gelijkspel (het)	egalitate (f)	[egali'tate]
in gelijk spel eindigen	a juca la egalitate	[a ʒu'ka la egali'tate]
punt (het)	punct (n)	[punkt]
uitslag (de)	rezultat (n)	[rezul'tat]
pauze (de)	pauză (f)	['pauze]
doping (de)	dopaj (n)	[do'paʒ]
straffen (ww)	a penaliza	[a penali'za]
diskwalificeren (ww)	a descalifica	[a deskalifi'ka]
toestel (het)	aparat (n)	[apa'rat]
speer (de)	suliță (f)	['sulitse]
kogel (de)	greutate (f)	[greu'tate]
bal (de)	bilă (f)	['bile]
doel (het)	țintă (f)	['tsinte]
schietkaart (de)	țintă (f)	['tsinte]
schieten (ww)	a trage	[a 'tradʒe]
precies (bijv. precieze schot)	exact	[e'gzakt]
trainer, coach (de)	antrenor (m)	[antre'nor]
trainen (ww)	a antrena	[a antre'na]
zich trainen (ww)	a se antrena	[a se antre'na]
training (de)	antrenament (n)	[antrena'ment]
gymnastiekzaal (de)	sală (f) de sport	['sale de sport]
oefening (de)	exercițiu (n)	[egzer'tʃitsju]
opwarming (de)	încălzire (f)	[ɨnkel'zire]

Onderwijs

117. School

school (de)	şcoală (f)	[ʃkoˈalə]
schooldirecteur (de)	director (m)	[diˈrektor]
leerling (de)	elev (m)	[eˈlev]
leerlinge (de)	elevă (f)	[eˈlevə]
scholier (de)	elev (m)	[eˈlev]
scholiere (de)	elevă (f)	[eˈlevə]
leren (lesgeven)	a învăţa	[a invəˈtsa]
studeren (bijv. een taal ~)	a învăţa	[a invəˈtsa]
van buiten leren	a învăţa pe de rost	[a invəˈtsa pe de rost]
leren (bijv. ~ tellen)	a învăţa	[a invəˈtsa]
in school zijn	a merge la şcoală	[a ˈmerdʒe la ʃkoˈalə]
(schooljongen zijn)		
naar school gaan	a merge la şcoală	[a ˈmerdʒe la ʃkoˈalə]
alfabet (het)	alfabet (n)	[alfaˈbet]
vak (schoolvak)	disciplină (f)	[distʃiˈplinə]
klaslokaal (het)	clasă (f)	[ˈklasə]
les (de)	lecţie (f)	[ˈlektsie]
pauze (de)	recreaţie (f)	[rekreˈatsie]
bel (de)	sunet (n)	[ˈsunet]
schooltafel (de)	bancă (f)	[ˈbankə]
schoolbord (het)	tablă (f)	[ˈtablə]
cijfer (het)	notă (f)	[ˈnotə]
goed cijfer (het)	notă (f) bună	[ˈnotə ˈbunə]
slecht cijfer (het)	notă (f) rea	[ˈnotə rˈa]
een cijfer geven	a pune notă	[a ˈpune ˈnotə]
fout (de)	greşeală (f)	[greˈʃalə]
fouten maken	a greşi	[a greˈʃi]
corrigeren (fouten ~)	a corecta	[a korekˈta]
spiekbriefje (het)	fiţuică (f)	[fiˈtsujkə]
huiswerk (het)	temă (f) pentru acasă	[ˈtemə ˈpentru aˈkasə]
oefening (de)	exerciţiu (n)	[egzerˈtʃitsju]
aanwezig zijn (ww)	a fi prezent	[a fi preˈzent]
absent zijn (ww)	a lipsi	[a lipˈsi]
bestraffen (een stout kind ~)	a pedepsi	[a pedepˈsi]
bestraffing (de)	pedeapsă (f)	[peˈdʲapsə]
gedrag (het)	comportament (n)	[komportaˈment]

cijferlijst (de)	agendă (f)	[a'dʒendə]
potlood (het)	creion (n)	[kre'jon]
gom (de)	radieră (f)	[radi'erə]
krijt (het)	cretă (f)	['kretə]
pennendoos (de)	penar (n)	[pe'nar]

boekentas (de)	ghiozdan (n)	[goz'dan]
pen (de)	pix (n)	[piks]
schrift (de)	caiet (n)	[ka'et]
leerboek (het)	manual (n)	[manu'al]
passer (de)	compas (n)	[kom'pas]

technisch tekenen (ww)	a schiţa	[a ski'tsa]
technische tekening (de)	plan (n)	[plan]

gedicht (het)	poezie (f)	[poe'zie]
van buiten (bw)	pe de rost	[pe de rost]
van buiten leren	a învăţa pe de rost	[a invə'tsa pe de rost]

vakantie (de)	vacanţă (f)	[va'kantsə]
met vakantie zijn	a fi în vacanţă	[a fi in va'kantsə]

toets (schriftelijke ~)	lucrare (f) de control	[lu'krare de kon'trol]
opstel (het)	compunere (f)	[kom'punere]
dictee (het)	dictare (f)	[dik'tare]

examen (het)	examen (n)	[e'gzamen]
examen afleggen	a da examene	[a da e'gzamene]
experiment (het)	experiment (f)	[eksperi'ment]

118. Hogeschool. Universiteit

academie (de)	academie (f)	[akade'mie]
universiteit (de)	universitate (f)	[universi'tate]
faculteit (de)	facultate (f)	[fakul'tate]

student (de)	student (m)	[stu'dent]
studente (de)	studentă (f)	[stu'dentə]
leraar (de)	profesor (m)	[pro'fesor]

collegezaal (de)	aulă (f)	[a'ulə]
afgestudeerde (de)	absolvent (m)	[absol'vent]

diploma (het)	diplomă (f)	['diplomə]
dissertatie (de)	disertaţie (f)	[diser'tatsie]

onderzoek (het)	cercetare (f)	[tʃertʃe'tare]
laboratorium (het)	laborator (n)	[labora'tor]

college (het)	prelegere (f)	[pre'ledʒere]
medestudent (de)	coleg (m) de an	[ko'leg de an]

studiebeurs (de)	bursă (f)	['bursə]
academische graad (de)	titlu (n) ştiinţific	['titlu ʃtiin'tsifik]

119. Wetenschappen. Disciplines

wiskunde (de)	matematică (f)	[mate'matikə]
algebra (de)	algebră (f)	[al'dʒebrə]
meetkunde (de)	geometrie (f)	[dʒeome'trie]

astronomie (de)	astronomie (f)	[astrono'mie]
biologie (de)	biologie (f)	[biolo'dʒie]
geografie (de)	geografie (f)	[dʒeogra'fie]
geologie (de)	geologie (f)	[dʒeolo'dʒie]
geschiedenis (de)	istorie (f)	[is'torie]

geneeskunde (de)	medicină (f)	[medi'tʃinə]
pedagogiek (de)	pedagogie (f)	[pedago'dʒie]
rechten (mv.)	drept (n)	[drept]

fysica, natuurkunde (de)	fizică (f)	['fizikə]
scheikunde (de)	chimie (f)	[ki'mie]
filosofie (de)	filozofie (f)	[filozo'fie]
psychologie (de)	psihologie (f)	[psiholo'dʒie]

120. Schrift. Spelling

grammatica (de)	gramatică (f)	[gra'matikə]
vocabulaire (het)	lexic (n)	['leksik]
fonetiek (de)	fonetică (f)	[fo'netikə]

zelfstandig naamwoord (het)	substantiv (n)	[substan'tiv]
bijvoeglijk naamwoord (het)	adjectiv (n)	[adʒek'tiv]
werkwoord (het)	verb (n)	[verb]
bijwoord (het)	adverb (n)	[ad'verb]

voornaamwoord (het)	pronume (n)	[pro'nume]
tussenwerpsel (het)	interjecție (f)	[inter'ʒektsie]
voorzetsel (het)	prepoziție (f)	[prepo'zitsie]

stam (de)	rădăcina (f) cuvântului	[rədə'tʃina ku'vɨntuluj]
achtervoegsel (het)	terminație (f)	[termi'natsie]
voorvoegsel (het)	prefix (n)	[pre'fiks]
lettergreep (de)	silabă (f)	[si'labə]
achtervoegsel (het)	sufix (n)	[su'fiks]

nadruk (de)	accent (n)	[ak'tʃent]
afkappingsteken (het)	apostrof (n)	[apo'strof]

punt (de)	punct (n)	[punkt]
komma (de/het)	virgulă (f)	['virgulə]
puntkomma (de)	punct (n) şi virgulă	[punkt ʃi 'virgulə]
dubbelpunt (de)	două puncte (n pl)	['dowə 'punkte]
beletselteken (het)	puncte-puncte (n pl)	['punkte 'punkte]

vraagteken (het)	semn (n) de întrebare	[semn de ɨntre'bare]
uitroepteken (het)	semn (n) de exclamare	[semn de ekskla'mare]

aanhalingstekens (mv.)	ghilimele (f pl)	[gili'mele]
tussen aanhalingstekens (bw)	în ghilimele	[ɨn gili'mele]
haakjes (mv.)	paranteze (f pl)	[paran'teze]
tussen haakjes (bw)	în paranteze	[ɨn paran'teze]

streepje (het)	cratimă (f)	['kratimə]
gedachtestreepje (het)	cratimă (f)	['kratimə]
spatie	spaţiu (n) liber	['spatsju 'liber]
(~ tussen twee woorden)		

letter (de)	literă (f)	['literə]
hoofdletter (de)	majusculă (f)	[ma'ʒuskulʲa]

klinker (de)	vocală (f)	[vo'kalə]
medeklinker (de)	consoană (f)	[konso'anə]

zin (de)	prepoziţie (f)	[prepo'zitsie]
onderwerp (het)	subiect (n)	[su'bjekt]
gezegde (het)	predicat (n)	[predi'kat]

regel (in een tekst)	rând (n)	[rɨnd]
op een nieuwe regel (bw)	alineat	[aline'at]
alinea (de)	paragraf (n)	[para'graf]

woord (het)	cuvânt (n)	[ku'vɨnt]
woordgroep (de)	îmbinare (f) de cuvinte	[ɨmbi'nare de ku'vinte]
uitdrukking (de)	expresie (f)	[eks'presie]
synoniem (het)	sinonim (n)	[sino'nim]
antoniem (het)	antonim (n)	[anto'nim]

regel (de)	regulă (f)	['regulə]
uitzondering (de)	excepţie (f)	[eks'tʃeptsie]
correct (bijv. ~e spelling)	corect	[ko'rekt]

vervoeging, conjugatie (de)	conjugare (f)	[konʒu'gare]
verbuiging, declinatie (de)	declinare (f)	[dekli'nare]
naamval (de)	caz (n)	[kaz]
vraag (de)	întrebare (f)	[ɨntre'bare]
onderstrepen (ww)	a sublinia	[a sublini'a]
stippellijn (de)	linie (f) punctată	['linie punk'tatə]

121. Vreemde talen

taal (de)	limbă (f)	['limbə]
vreemd (bn)	străin	[strə'in]
leren (bijv. van buiten ~)	a studia	[a studi'a]
studeren (Nederlands ~)	a învăţa	[a ɨnvə'tsa]

lezen (ww)	a citi	[a tʃi'ti]
spreken (ww)	a vorbi	[a vor'bi]
begrijpen (ww)	a înţelege	[a ɨntse'ledʒe]
schrijven (ww)	a scrie	[a 'skrie]
snel (bw)	repede	['repede]
langzaam (bw)	încet	[ɨn'tʃet]

111

vloeiend (bw)	liber	['liber]
regels (mv.)	reguli (f pl)	['regulʲ]
grammatica (de)	gramatică (f)	[gra'matikə]
vocabulaire (het)	lexic (n)	['leksik]
fonetiek (de)	fonetică (f)	[fo'netikə]

leerboek (het)	manual (n)	[manu'al]
woordenboek (het)	dicționar (n)	[diktsio'nar]
leerboek (het) voor zelfstudie	manual (n) autodidactic	[manu'al autodi'daktik]
taalgids (de)	ghid (n) de conversație	[gid de konver'satsie]

cassette (de)	casetă (f)	[ka'setə]
videocassette (de)	casetă (f) video	[ka'setə 'video]
CD (de)	CD (n)	[si'di]
DVD (de)	DVD (n)	[divi'di]

alfabet (het)	alfabet (n)	[alfa'bet]
spellen (ww)	a spune pe litere	[a vor'bi pe 'litere]
uitspraak (de)	pronunție (f)	[pro'nuntsie]

accent (het)	accent (n)	[ak'tʃent]
met een accent (bw)	cu accent	['ku ak'tʃent]
zonder accent (bw)	fără accent	['fərə ak'tʃent]

| woord (het) | cuvânt (n) | [ku'vint] |
| betekenis (de) | sens (n) | [sens] |

cursus (de)	cursuri (n)	['kursurʲ]
zich inschrijven (ww)	a se înscrie	[a se in'skrie]
leraar (de)	profesor (m)	[pro'fesor]

vertaling (een ~ maken)	traducere (f)	[tra'dutʃere]
vertaling (tekst)	traducere (f)	[tra'dutʃere]
vertaler (de)	traducător (m)	[tradukə'tor]
tolk (de)	translator (m)	[trans'lator]

| polyglot (de) | poliglot (m) | [poli'glot] |
| geheugen (het) | memorie (f) | [me'morie] |

122. Sprookjesfiguren

| Sinterklaas (de) | Santa Claus (m) | ['santa 'klaus] |
| zeemeermin (de) | sirenă (f) | [si'renə] |

magiër, tovenaar (de)	vrăjitor (m)	[vrəʒi'tor]
goede heks (de)	vrăjitoare (f)	[vrəʒito'are]
magisch (bn)	miraculos	[miraku'los]
toverstokje (het)	baghetă (f) magică	[ba'getə 'madʒikə]

sprookje (het)	poveste (f)	[po'veste]
wonder (het)	minune (f)	[mi'nune]
dwerg (de)	gnom (m)	[gnom]
veranderen in ... (anders worden)	a se preface în ...	[a se pre'fatʃe in]

geest (de)	stafie (f)	[sta'fie]
spook (het)	fantomă (f)	[fan'tomə]
monster (het)	monstru (m)	['monstru]
draak (de)	dragon (m)	[dra'gon]
reus (de)	uriaş (m)	[uri'aʃ]

123. Dierenriem

Ram (de)	Berbec (m)	[ber'bek]
Stier (de)	Taur (m)	['taur]
Tweelingen (mv.)	Gemeni (m pl)	['dʒemenʲ]
Kreeft (de)	Rac (m)	[rak]
Leeuw (de)	Leu (m)	['leu]
Maagd (de)	Fecioară (f)	[fetʃio'arə]

Weegschaal (de)	Balanţă (f)	[ba'lantsə]
Schorpioen (de)	Scorpion (m)	[skorpi'on]
Boogschutter (de)	Săgetător (m)	[sədʒetə'tor]
Steenbok (de)	Capricorn (m)	[kapri'korn]
Waterman (de)	Vărsător (m)	[vərsə'tor]
Vissen (mv.)	Peşti (m pl)	[peʃtʲ]

karakter (het)	caracter (m)	[karak'ter]
karaktertrekken (mv.)	trăsături (f pl) de caracter	[trəsə'turʲ de karak'ter]
gedrag (het)	comportament (n)	[komporta'ment]
waarzeggen (ww)	a prezice	[a pre'zitʃe]
waarzegster (de)	prezicătoare (f)	[prezikəto'are]
horoscoop (de)	horoscop (n)	[horo'skop]

Kunst

124. Theater

theater (het)	teatru (n)	[te'atru]
opera (de)	operă (f)	['operə]
operette (de)	operetă (f)	[ope'retə]
ballet (het)	balet (n)	[ba'let]
affiche (de/het)	afiş (n)	[a'fiʃ]
theatergezelschap (het)	trupă (f)	['trupə]
tournee (de)	turneu (n)	[tur'neu]
op tournee zijn	a juca în turneu	[a ʒu'ka in tur'neu]
repeteren (ww)	a repeta	[a repe'ta]
repetitie (de)	repetiție (f)	[repe'tiʦie]
repertoire (het)	repertoriu (n)	[reper'torju]
voorstelling (de)	reprezentație (f)	[rəprəzən'tatje]
spektakel (het)	spectacol (n)	[spekta'kol]
toneelstuk (het)	piesă (f) de teatru	['pjesə de te'atru]
biljet (het)	bilet (n)	[bi'let]
kassa (de)	casă (f) de bilete	['kasə de bi'lete]
foyer (de)	hol (n)	[hol]
garderobe (de)	garderobă (f)	[garde'robə]
garderobe nummer (het)	număr (n)	['numər]
verrekijker (de)	binoclu (n)	[bi'noklu]
plaatsaanwijzer (de)	controlor (m)	[kontro'lor]
parterre (de)	parter (n)	[par'ter]
balkon (het)	balcon (n)	[bal'kon]
gouden rang (de)	mezanin (n)	[meza'nin]
loge (de)	lojă (f)	['loʒə]
rij (de)	rând (n)	[rind]
plaats (de)	loc (n)	[lok]
publiek (het)	public (n)	['publik]
kijker (de)	spectator (m)	[spekta'tor]
klappen (ww)	a aplauda	[a aplau'da]
applaus (het)	aplauze (f pl)	[ap'lauze]
ovatie (de)	ovații (f pl)	[o'vaʦij]
toneel (op het ~ staan)	scenă (f)	['stʃenə]
gordijn, doek (het)	cortină (f)	[kor'tinə]
toneeldecor (het)	decor (n)	[de'kor]
backstage (de)	culise (f)	[ku'lise]
scène (de)	scenă (f)	['stʃenə]
bedrijf (het)	act (n)	[akt]
pauze (de)	antract (n)	[an'trakt]

125. Bioscoop

acteur (de)	actor (m)	[ak'tor]
actrice (de)	actriţă (f)	[ak'tritsə]
bioscoop (de)	cinema (n)	[tʃine'ma]
speelfilm (de)	film (n)	[film]
aflevering (de)	serie (f)	['serie]
detectivefilm (de)	detectiv (n)	[detek'tiv]
actiefilm (de)	film (n) de acţiune	['film de aktsi'une]
avonturenfilm (de)	film (n) de aventură	['film de aven'turə]
sciencefictionfilm (de)	film (n) fantastic	['film fan'tastik]
griezelfilm (de)	film (m) de groază	['film de gro'azə]
komedie (de)	comedie (f)	[kome'die]
melodrama (het)	melodramă (f)	[melo'dramə]
drama (het)	dramă (f)	['dramə]
speelfilm (de)	film (n) artistic	[film ar'tistik]
documentaire (de)	film (n) documentar	[film dokumen'tar]
tekenfilm (de)	desene (n) animate	[de'sene ani'mate]
stomme film (de)	film (n) mut	[film mut]
rol (de)	rol (n)	[rol]
hoofdrol (de)	rolul (n) principal	['rolul printʃi'pal]
spelen (ww)	a juca	[a ʒu'ka]
filmster (de)	stea (f) de cinema	[st'a de tʃine'ma]
bekend (bn)	cunoscut	[kunos'kut]
beroemd (bn)	vestit	[ves'tit]
populair (bn)	popular	[popu'lar]
scenario (het)	scenariu (n)	[stʃe'narju]
scenarioschrijver (de)	scenarist (m)	[stʃena'rist]
regisseur (de)	regizor (m)	[re'dʒizor]
filmproducent (de)	producător (m)	[produkə'tor]
assistent (de)	asistent (m)	[asis'tent]
cameraman (de)	operator (m)	[opera'tor]
stuntman (de)	cascador (m)	[kaska'dor]
een film maken	a turna un film	[a tur'na un film]
auditie (de)	probe (f pl)	['probe]
opnamen (mv.)	filmări (f pl)	[filmərʲ]
filmploeg (de)	echipă (f) de filmare	[e'kipə de fil'mare]
filmset (de)	teren (n) de filmare	[te'ren de fil'mare]
filmcamera (de)	cameră (f) de luat vederi	['kamerə de lu'at ve'derʲ]
bioscoop (de)	cinematograf (n)	[tʃinemato'graf]
scherm (het)	ecran (n)	[e'kran]
een film vertonen	a prezenta un film	[a prezen'ta un 'film]
geluidsspoor (de)	linie (f) sonoră	['linie so'norə]
speciale effecten (mv.)	efecte (n pl) speciale	[e'fekte spetʃi'ale]
ondertiteling (de)	subtitluri (n pl)	[sub'titlurʲ]

| voortiteling, aftiteling (de) | titrări (f pl) | [tit'rər'] |
| vertaling (de) | traducere (f) | [tra'dutʃere] |

126. Schilderij

kunst (de)	artă (f)	['artə]
schone kunsten (mv.)	arte (f pl) frumoase	['arte frumo'ase]
kunstgalerie (de)	galerie (f)	[gale'rie]
kunsttentoonstelling (de)	expoziție (f) de tablouri	[ekspo'ziʦie de tab'lour']

schilderkunst (de)	pictură (f)	[pik'turə]
grafiek (de)	grafică (f)	['grafikə]
abstracte kunst (de)	abstracţionism (n)	[abstrakʦio'nism]
impressionisme (het)	impresionism (n)	[impresio'nism]

schilderij (het)	tablou (n)	[tab'lou]
tekening (de)	desen (n)	[de'sen]
poster (de)	afiş (n)	[a'fiʃ]

illustratie (de)	ilustraţie (f)	[ilus'traʦie]
miniatuur (de)	miniatură (f)	[minia'turə]
kopie (de)	copie (f)	['kopie]
reproductie (de)	reproducere (f)	[repro'dutʃere]

mozaïek (het)	mozaic (n)	[moza'ik]
gebrandschilderd glas (het)	vitraliu (n)	[vi'tralju]
fresco (het)	frescă (f)	['freskə]
gravure (de)	gravură (f)	[gra'vurə]

buste (de)	bust (n)	[bust]
beeldhouwwerk (het)	sculptură (f)	[skulp'turə]
beeld (bronzen ~)	statuie (f)	[sta'tue]
gips (het)	ghips (n)	[gips]
gipsen (bn)	de, din ghips	[de, din gips]

portret (het)	portret (n)	[por'tret]
zelfportret (het)	autoportret (n)	[autopor'tret]
landschap (het)	peisaj (n)	[pej'saʒ]
stilleven (het)	natură (f) moartă	[na'turə mo'artə]
karikatuur (de)	caricatură (f)	[karika'turə]

verf (de)	vopsea (f)	[vop'sʲa]
aquarel (de)	acuarelă (f)	[akua'relə]
olieverf (de)	ulei (n)	[u'lej]
potlood (het)	creion (n)	[kre'jon]
Oost-Indische inkt (de)	tuş (n)	[tuʃ]
houtskool (de)	cărbune (m)	[kər'bune]

tekenen (met krijt)	a schiţa	[a ski'ʦa]
poseren (ww)	a poza	[a po'za]
naaktmodel (man)	naturist (m)	[natu'rist]
naaktmodel (vrouw)	naturistă (f)	[natu'ristə]
kunstenaar (de)	pictor (m)	['piktor]
kunstwerk (het)	operă (f)	['operə]

meesterwerk (het)	capodoperă (f)	[kapo'doperə]
studio, werkruimte (de)	atelier (n)	[ate'ljer]
schildersdoek (het)	pânză (f)	['pɨnzə]
schildersezel (de)	şevalet (n)	[ʃeva'let]
palet (het)	paletă (f)	[pa'letə]
lijst (een vergulde ~)	ramă (f)	['ramə]
restauratie (de)	restaurare (f)	[restau'rare]
restaureren (ww)	a restaura	[a restau'ra]

127. Literatuur & Poëzie

literatuur (de)	literatură (f)	[litera'turə]
auteur (de)	autor (m)	[au'tor]
pseudoniem (het)	pseudonim (n)	[pseudo'nim]
boek (het)	carte (f)	['karte]
boekdeel (het)	volum (n)	[vo'lum]
inhoudsopgave (de)	cuprins (n)	[ku'prins]
pagina (de)	pagină (f)	['padʒinə]
hoofdpersoon (de)	erou (m) principal	[e'rou printʃi'pal]
handtekening (de)	autograf (n)	[auto'graf]
verhaal (het)	povestire (f)	[poves'tire]
novelle (de)	nuvelă (f)	[nu'velə]
roman (de)	roman (n)	[ro'man]
werk (literatuur)	compunere (f)	[kom'punere]
fabel (de)	fabulă (f)	['fabulə]
detectiveroman (de)	detectiv (m)	[detek'tiv]
gedicht (het)	poezie (f)	[poe'zie]
poëzie (de)	poezie (f)	[poe'zie]
epos (het)	poem (n)	[po'em]
dichter (de)	poet (m)	[po'et]
fictie (de)	literatură (f) artistică	[litera'turə ar'tistikə]
sciencefiction (de)	science fiction (n)	['saens 'fikʃn]
avonturenroman (de)	aventură (f)	[aven'turə]
opvoedkundige literatuur (de)	literatură (f) ştiinţifică	[litera'turə ʃtiin'tsifikə]
kinderliteratuur (de)	literatură (f) pentru copii	[litera'turə 'pentru ko'pij]

128. Circus

circus (de/het)	circ (n)	[tʃirk]
chapiteau circus (de/het)	circ (n) pe roţi	[tʃirk pe 'rots]
programma (het)	program (n)	[pro'gram]
voorstelling (de)	spectacol (n)	[spekta'kol]
nummer (circus ~)	număr (n)	['numər]
arena (de)	arenă (f)	[a'renə]
pantomime (de)	pantomimă (f)	[panto'mimə]

clown (de)	clovn (m)	[klovn]
acrobaat (de)	acrobat (m)	[akro'bat]
acrobatiek (de)	acrobatică (f)	[akro'batikə]
gymnast (de)	gimnast (m)	[dʒim'nast]
gymnastiek (de)	gimnastică (f)	[dʒim'nastikə]
salto (de)	tumbă (f)	['tumbə]
sterke man (de)	atlet (m)	[at'let]
temmer (de)	îmblânzitor (m)	[imblinzi'tor]
ruiter (de)	călăreț (m)	[kələ'reʦ]
assistent (de)	asistent (m)	[asis'tent]
stunt (de)	truc (n)	[truk]
goocheltruc (de)	scamatorie (f)	[skama'torie]
goochelaar (de)	scamator (m)	[skama'tor]
jongleur (de)	jongler (m)	[ʒon'gler]
jongleren (ww)	a jongla	[a ʒon'gla]
dierentrainer (de)	dresor (m)	[dre'sor]
dressuur (de)	dresare (f)	[dre'sare]
dresseren (ww)	a dresa	[a dre'sa]

129. Muziek. Popmuziek

muziek (de)	muzică (f)	['muzikə]
muzikant (de)	muzician (m)	[muziʧi'an]
muziekinstrument (het)	instrument (n) muzical	[instru'ment muzi'kal]
spelen (bijv. gitaar ~)	a cânta la …	[a kin'ta 'la]
gitaar (de)	chitară (f)	[ki'tarə]
viool (de)	vioară (f)	[vio'arə]
cello (de)	violoncel (n)	[violon'ʧel]
contrabas (de)	contrabas (n)	[kontra'bas]
harp (de)	harpă (f)	['harpə]
piano (de)	pianină (f)	[pia'nino]
vleugel (de)	pian (n) cu coadă	['pjan ku ku'ado]
orgel (het)	orgă (f)	['orgə]
blaasinstrumenten (mv.)	instrumente (n pl) de suflat	[instru'mente de suf'lat]
hobo (de)	oboi (m)	[o'boj]
saxofoon (de)	saxofon (n)	[sakso'fon]
klarinet (de)	clarinet (n)	[klari'net]
fluit (de)	flaut (n)	['flaut]
trompet (de)	trompetă (f)	[trom'petə]
accordeon (de/het)	acordeon (n)	[akorde'on]
trommel (de)	tobă (f)	['tobə]
duet (het)	duet (n)	[du'et]
trio (het)	trio (n)	['trio]
kwartet (het)	cvartet (n)	[kvar'tet]
koor (het)	cor (n)	[kor]
orkest (het)	orchestră (f)	[or'kestrə]

popmuziek (de)	muzică (f) pop	['muzikə pop]
rockmuziek (de)	muzică (f) rock	['muzikə rok]
rockgroep (de)	formație (n) rock	[for'matsie rok]
jazz (de)	jazz (n)	[dʒaz]
idool (het)	idol (m)	['idol]
bewonderaar (de)	fan (m)	[fan]
concert (het)	concert (n)	[kon'tʃert]
symfonie (de)	simfonie (f)	[simfo'nie]
compositie (de)	operă (f)	['operə]
componeren (muziek ~)	a compune	[a kom'pune]
zang (de)	cântare (f)	[kɨn'tare]
lied (het)	cântec (n)	['kɨntek]
melodie (de)	melodie (f)	[melo'die]
ritme (het)	ritm (n)	[ritm]
blues (de)	blues (n)	[bluz]
bladmuziek (de)	note (f pl)	['note]
dirigeerstok (baton)	baghetă (f)	[ba'getə]
strijkstok (de)	arcuș (n)	[ar'kuʃ]
snaar (de)	coardă (f)	[ko'ardə]
koffer (de)	husă (f)	['husə]

Rusten. Entertainment. Reizen

130. Trip. Reizen

toerisme (het)	turism (n)	[tu'rism]
toerist (de)	turist (m)	[tu'rist]
reis (de)	călătorie (f)	[kələto'rie]
avontuur (het)	aventură (f)	[aven'turə]
tocht (de)	voiaj (n)	[vo'jaʒ]
vakantie (de)	concediu (n)	[kon'ʧedju]
met vakantie zijn	a fi în concediu	[a fi in kon'ʧedju]
rust (de)	odihnă (f)	[o'dihnə]
trein (de)	tren (n)	[tren]
met de trein	cu trenul	[ku 'trenul]
vliegtuig (het)	avion (n)	[a'vjon]
met het vliegtuig	cu avionul	[ku a'vjonul]
met de auto	cu automobilul	[ku automo'bilul]
per schip (bw)	cu vaporul	[ku va'porul]
bagage (de)	bagaj (n)	[ba'gaʒ]
valies (de)	valiză (f)	[va'lizə]
bagagekarretje (het)	cărucior (n) pentru bagaj	[kəru'ʧior 'pentru ba'gaʒ]
paspoort (het)	paşaport (n)	[paʃa'port]
visum (het)	viză (f)	['vizə]
kaartje (het)	bilet (n)	[bi'let]
vliegticket (het)	bilet (n) de avion	[bi'let de a'vjon]
reisgids (de)	ghid (m)	[gid]
kaart (de)	hartă (f)	['hartə]
gebied (landelijk ~)	localitate (f)	[lokali'tate]
plaats (de)	loc (n)	[lok]
exotische bestemming (de)	exotism (n)	[egzo'tism]
exotisch (bn)	exotic	[e'gzotik]
verwonderlijk (bn)	uimitor	[ujmi'tor]
groep (de)	grup (n)	[grup]
rondleiding (de)	excursie (f)	[eks'kursie]
gids (de)	ghid (m)	[gid]

131. Hotel

hotel (het)	hotel (n)	[ho'tel]
motel (het)	motel (n)	[mo'tel]
3-sterren	trei stele	[trej 'stele]

| 5-sterren | cinci stele | [tʃintʃ 'stele] |
| overnachten (ww) | a se opri | [a se o'pri] |

kamer (de)	cameră (f)	['kamerə]
eenpersoonskamer (de)	cameră pentru o persoană (n)	['kamerə 'pentru o perso'anə]
tweepersoonskamer (de)	cameră pentru două persoane (n)	['kamerə 'pentru 'dowə perso'ane]
een kamer reserveren	a rezerva o cameră	[a rezer'va o 'kamerə]

| halfpension (het) | demipensiune (f) | [demipensi'une] |
| volpension (het) | pensiune (f) | [pensi'une] |

met badkamer	cu baie	[ku 'bae]
met douche	cu duş	[ku duʃ]
satelliet-tv (de)	televiziune (f) prin satelit	[televizi'une 'prin sate'lit]
airconditioner (de)	aer (n) condiţionat	['aer konditsio'nat]
handdoek (de)	prosop (n)	[pro'sop]
sleutel (de)	cheie (f)	['kee]

administrateur (de)	administrator (m)	[adminis'trator]
kamermeisje (het)	femeie (f) de serviciu	[fe'mee de ser'vitʃiu]
piccolo (de)	hamal (m)	[ha'mal]
portier (de)	portar (m)	[por'tar]

restaurant (het)	restaurant (n)	[restau'rant]
bar (de)	bar (n)	[bar]
ontbijt (het)	micul dejun (n)	['mikul de'ʒun]
avondeten (het)	cină (f)	['tʃinə]
buffet (het)	masă suedeză (f)	['masə sue'dezə]

| hal (de) | vestibul (n) | [vesti'bul] |
| lift (de) | lift (n) | [lift] |

| NIET STOREN | NU DERANJAŢI! | [nu deran'ʒats] |
| VERBODEN TE ROKEN! | NU FUMAŢI! | [nu fu'mats] |

132. Boeken. Lezen

boek (het)	carte (f)	['karte]
auteur (de)	autor (m)	[au'tor]
schrijver (de)	scriitor (m)	[skrii'tor]
schrijven (een boek)	a scrie	[a 'skrie]

lezer (de)	cititor (m)	[tʃiti'tor]
lezen (ww)	a citi	[a tʃi'ti]
lezen (het)	lectură (f)	[lek'turə]

| stil (~ lezen) | în gând | [in gind] |
| hardop (~ lezen) | cu voce tare | [ku 'votʃe 'tare] |

uitgeven (boek ~)	a publica	[a publi'ka]
uitgeven (het)	ediţie (f)	[e'ditsie]
uitgever (de)	editor (m)	[edi'tor]

uitgeverij (de)	editură (f)	[edi'turə]
verschijnen (bijv. boek)	a apărea	[a apə'r'a]
verschijnen (het)	publicare (f)	[publi'kare]
oplage (de)	tiraj (n)	[ti'raʒ]
boekhandel (de)	librărie (f)	[librə'rie]
bibliotheek (de)	bibliotecă (f)	[biblio'tekə]
novelle (de)	nuvelă (f)	[nu'velə]
verhaal (het)	povestire (f)	[poves'tire]
roman (de)	roman (n)	[ro'man]
detectiveroman (de)	detectiv (n)	[detek'tiv]
memoires (mv.)	memorii (n pl)	[me'morij]
legende (de)	legendă (f)	[le'dʒendə]
mythe (de)	mit (n)	[mit]
gedichten (mv.)	versuri (n pl)	['versur']
autobiografie (de)	autobiografie (f)	[autobiogra'fie]
bloemlezing (de)	opere (f pl) alese	['opere a'lese]
sciencefiction (de)	fantastică (f)	[fan'tastikə]
naam (de)	denumire (f)	[denu'mire]
inleiding (de)	prefață (f)	[pre'fatsə]
voorblad (het)	foaie (f) de titlu	[fo'ae de 'titlu]
hoofdstuk (het)	capitol (n)	[ka'pitol]
fragment (het)	fragment (n)	[frag'ment]
episode (de)	episod (n)	[epi'zod]
intrige (de)	subiect (n)	[su'bjekt]
inhoud (de)	cuprins (n)	[ku'prins]
inhoudsopgave (de)	cuprins (n)	[ku'prins]
hoofdpersonage (het)	erou (m) principal	[e'rou printʃi'pal]
boekdeel (het)	volum (n)	[vo'lum]
omslag (de/het)	copertă (f)	[ko'pertə]
boekband (de)	copertă (f)	[ko'pertə]
bladwijzer (de)	semn (n) de carte	[semn de 'karte]
pagina (de)	pagină (f)	['padʒinə]
bladeren (ww)	a răsfoi	[a rəsfo'i]
marges (mv.)	margine (f)	['mardʒine]
annotatie (de)	notă (f) marginală	['notə mardʒi'nalə]
opmerking (de)	însemnare (f)	[insem'nare]
tekst (de)	text (n)	[tekst]
lettertype (het)	caracter (n)	[karak'ter]
drukfout (de)	greşeală (f) de tipar	[gre'ʃalə de ti'par]
vertaling (de)	traducere (f)	[tra'dutʃere]
vertalen (ww)	a traduce	[a tra'dutʃe]
origineel (het)	original (n)	[oridʒi'nal]
beroemd (bn)	vestit	[ves'tit]
onbekend (bn)	necunoscut	[nekunos'kut]

| interessant (bn) | interesant | [intere'sant] |
| bestseller (de) | best seller (n) | [best 'seler] |

woordenboek (het)	dicţionar (n)	[diktsio'nar]
leerboek (het)	manual (n)	[manu'al]
encyclopedie (de)	enciclopedie (f)	[entʃiklope'die]

133. Jacht. Vissen

jacht (de)	vânătoare (f)	[vɨnəto'are]
jagen (ww)	a vâna	[a vɨ'na]
jager (de)	vânător (m)	[vɨnə'tor]

schieten (ww)	a trage	[a 'tradʒə]
geweer (het)	armă (f)	['armə]
patroon (de)	cartuş (n)	[kar'tuʃ]
hagel (de)	alice (f)	[a'litʃe]

val (de)	capcană (f)	[kap'kanə]
valstrik (de)	cursă (f)	['kursə]
een val zetten	a pune capcană	[a 'pune kap'kanə]

stroper (de)	braconier (m)	[brako'njer]
wild (het)	vânat (n)	[vɨ'nat]
jachthond (de)	câine (m) de vânătoare	['kɨne de vɨnəto'are]
safari (de)	safari (n)	[sa'fari]
opgezet dier (het)	animal (n) împăiat	[ani'mal ɨmpə'jat]

visser (de)	pescar (m)	[pes'kar]
visvangst (de)	pescuit (n)	[pesku'it]
vissen (ww)	a pescui	[a pesku'i]

hengel (de)	undiţă (f)	['unditsə]
vislijn (de)	sfoara (f) undiţei	[sfo'ara 'unditsej]
haak (de)	cârlig (n)	[kɨr'lig]
dobber (de)	plută (f)	['plutə]
aas (het)	momeală (f)	[mo'mʲalə]

| de hengel uitwerpen | a arunca undiţa | [a arun'ka 'unditsa] |
| bijten (ov. de vissen) | a trage la undiţă | [a 'tradʒe la 'unditsə] |

| vangst (de) | pescuit (n) | [pesku'it] |
| wak (het) | copcă (f) | ['kopkə] |

| net (het) | plasă (f) | ['plasə] |
| boot (de) | barcă (f) | ['barkə] |

vissen met netten	a prinde cu plasa	[a 'prinde 'ku 'plasa]
het net uitwerpen	a arunca plasa	[a arun'ka 'plasa]
het net binnenhalen	a scoate plasa	[a sko'ate 'plasa]

walvisvangst (de)	vânător (m) de balene	[vanə'tor də 'balenə]
walvisvaarder (de)	balenieră (f)	[bale'njerə]
harpoen (de)	harpon (n)	[har'pon]

134. Spellen. Biljart

biljart (het)	biliard (n)	[bi'ljard]
biljartzaal (de)	sală (f) de biliard	['salə de bi'ljard]
biljartbal (de)	bilă (f)	['bilə]
een bal in het gat jagen	a băga bila	[a bə'ga 'bila]
keu (de)	tac (n)	[tak]
gat (het)	gaură (f) de biliard	['gaurə de bi'ljard]

135. Spellen. Speelkaarten

ruiten (mv.)	tobă (f)	['tobə]
schoppen (mv.)	pică (f)	['pikə]
klaveren (mv.)	cupă (f)	['kupə]
harten (mv.)	treflă (f)	['treflə]
aas (de)	as (m)	[as]
koning (de)	rege (m)	['redʒe]
dame (de)	damă (f)	['damə]
boer (de)	valet (m)	[va'let]
speelkaart (de)	carte (f) de joc	['karte de ʒok]
kaarten (mv.)	cărţi (f pl) de joc	[kərtsʲ de ʒok]
troef (de)	atu (n)	[a'tu]
pak (het) kaarten	pachet (n) de cărţi de joc	[pa'ket de kərts de ʒok]
uitdelen (kaarten ~)	a împărţi	[a impər'tsi]
schudden (de kaarten ~)	a amesteca	[a ameste'ka]
beurt (de)	rând (n)	[rind]
valsspeler (de)	trişor (m)	[tri'ʃor]

136. Rusten. Spellen. Diversen

wandelen (on.ww.)	a se plimba	[a se plim'ba]
wandeling (de)	plimbare (f)	[plim'bare]
trip (per auto)	excursie (f)	[eks'kursie]
avontuur (het)	aventură (f)	[aven'turə]
picknick (de)	picnic (n)	['piknik]
spel (het)	joc (n)	[ʒok]
speler (de)	jucător (m)	[ʒukə'tor]
partij (de)	partidă (f)	[par'tidə]
collectioneur (de)	colecţionar (m)	[kolektsio'nar]
collectioneren (ww)	a colecţiona	[a kolektsio'na]
collectie (de)	colecţie (f)	[ko'lektsie]
kruiswoordraadsel (het)	rebus (n)	['rebus]
hippodroom (de)	hipodrom (n)	[hipo'drom]
discotheek (de)	discotecă (f)	[disko'tekə]

sauna (de)	sauna (f)	['saunə]
loterij (de)	loterie (f)	[lote'rie]

trektocht (kampeertocht)	camping (n)	['kemping]
kamp (het)	tabără (f)	['tabərə]
tent (de)	cort (n)	[kort]
kompas (het)	busolă (f)	[bu'sole]
rugzaktoerist (de)	turist (m)	[tu'rist]

bekijken (een film ~)	a se uita	[a se uj'ta]
kijker (televisie~)	telespectator (m)	[telespekta'tor]
televisie-uitzending (de)	emisiune (f) televizată	[emisi'une televi'zatə]

137. Fotografie

fotocamera (de)	aparat (n) foto	[apa'rat 'foto]
foto (de)	fotografie (f)	[fotogra'fie]

fotograaf (de)	fotograf (m)	[foto'graf]
fotostudio (de)	studio (n) foto	[stu'djo 'foto]
fotoalbum (het)	album (n) foto	[al'bum 'foto]

lens (de), objectief (het)	obiectiv (n)	[objek'tiv]
telelens (de)	teleobiectiv (n)	[teleobjek'tiv]
filter (de/het)	filtru (n)	['filtru]
lens (de)	lentilă (f)	[len'tile]

optiek (de)	optică (f)	['optikə]
diafragma (het)	diafragmă (f)	[dia'fragmə]
belichtingstijd (de)	timp (m) de expunere	['timp de eks'punere]
zoeker (de)	vizor (n)	[vi'zor]

digitale camera (de)	cameră (f) digitală	['kamerə didʒi'talə]
statief (het)	suport (n)	[su'port]
flits (de)	blitz (n)	[blits]

fotograferen (ww)	a fotografia	[a fotografi'ja]
foto's maken	a fotografia	[a fotografi'ja]
zich laten fotograferen	a se fotografia	[a se fotografi'ja]

focus (de)	claritate (f)	[klari'tate]
scherpstellen (ww)	a îndrepta	[a îndrep'ta]

scherp (bn)	clar	[klar]
scherpte (de)	claritatea (f) imaginii	[klari'tat'a i'madʒinij]

contrast (het)	contrast (n)	[kon'trast]
contrastrijk (bn)	de contrast	[de kon'trast]

kiekje (het)	fotografie (f)	[fotogra'fie]
negatief (het)	negativ (n)	[nega'tiv]
filmpje (het)	film (n)	[film]
beeld (frame)	cadru (n)	['kadru]
afdrukken (foto's ~)	a tipări	[a tipə'ri]

138. Strand. Zwemmen

strand (het)	**plajă** (f)	['plaʒə]
zand (het)	**nisip** (n)	[ni'sip]
leeg (~ strand)	**pustiu**	[pus'tiu]
bruine kleur (de)	**bronz** (n)	[bronz]
zonnebaden (ww)	**a se bronza**	[a se bron'za]
gebruind (bn)	**bronzat**	[bron'zat]
zonnecrème (de)	**cremă** (f) **pentru bronzat**	['kremə 'pentru bron'zat]
bikini (de)	**bikini** (n)	[bi'kini]
badpak (het)	**costum** (n) **de baie**	[kos'tum de 'bae]
zwembroek (de)	**slipi** (m pl)	[slipʲ]
zwembad (het)	**bazin** (n)	[ba'zin]
zwemmen (ww)	**a înota**	[a ino'ta]
douche (de)	**duş** (n)	[duʃ]
zich omkleden (ww)	**a se schimba**	[a se skim'ba]
handdoek (de)	**prosop** (n)	[pro'sop]
boot (de)	**barcă** (f)	['barkə]
motorboot (de)	**cuter** (n)	['kuter]
waterski's (mv.)	**schiuri** (n pl) **pe apă**	['skjurʲ pe 'apə]
waterfiets (de)	**bicicletă** (f) **pe apă**	[biʧi'kletə pe 'apə]
surfen (het)	**surfing** (n)	['serfing]
surfer (de)	**surfer** (m)	['serfer]
scuba, aqualong (de)	**acvalang** (n)	[akva'lang]
zwemvliezen (mv.)	**labe** (f pl) **de înot**	['labe de i'not]
duikmasker (het)	**mască** (f)	['maskə]
duiker (de)	**scufundător** (m)	[skufundə'tor]
duiken (ww)	**a se scufunda**	[a se skufun'da]
onder water (bw)	**sub apă**	[sub 'apə]
parasol (de)	**umbrelă** (f)	[um'brelə]
ligstoel (de)	**şezlong** (n)	[ʃez'long]
zonnebril (de)	**ochelari** (m pl)	[oke'larʲ]
luchtmatras (de/het)	**saltea** (f) **de înot**	[sal'tʲa de i'not]
spelen (ww)	**a juca**	[a ʒu'ka]
gaan zwemmen (ww)	**a se scălda**	[a se skəl'da]
bal (de)	**minge** (f)	['minʤe]
opblazen (oppompen)	**a umfla**	[a um'fla]
lucht-, opblaasbare (bn)	**pneumatic**	[pneu'matik]
golf (hoge ~)	**val** (n)	[val]
boei (de)	**baliză** (f)	[ba'lizə]
verdrinken (ww)	**a se îneca**	[a se ine'ka]
redden (ww)	**a salva**	[a sal'va]
reddingsvest (de)	**vestă** (f) **de salvare**	['vestə de sal'vare]
waarnemen (ww)	**a observa**	[a obser'va]
redder (de)	**salvator** (m)	[salva'tor]

TECHNISCHE APPARATUUR. VERVOER

Technische apparatuur

139. Computer

computer (de)	calculator (n)	[kalkula'tor]
laptop (de)	laptop (n)	[ləp'top]
aanzetten (ww)	a deschide	[a des'kide]
uitzetten (ww)	a închide	[a i'nkide]
toetsenbord (het)	tastatură (f)	[tasta'turə]
toets (enter~)	tastă (f)	['tastə]
muis (de)	mouse (n)	['maus]
muismat (de)	mousepad (n)	[maus'pad]
knopje (het)	tastă (f)	['tastə]
cursor (de)	cursor (m)	[kur'sor]
monitor (de)	monitor (n)	[moni'tor]
scherm (het)	ecran (n)	[e'kran]
harde schijf (de)	hard disc (n)	[hard disk]
volume (het)	capacitatea (f) hard discului	[kapatʃi'tat'a 'hard 'diskuluj]
van de harde schijf		
geheugen (het)	memorie (f)	[me'morie]
RAM-geheugen (het)	memorie (f) operativă	[me'morie opera'tivə]
bestand (het)	fişier (n)	[fiʃi'er]
folder (de)	document (n)	[doku'ment]
openen (ww)	a deschide	[a des'kide]
sluiten (ww)	a închide	[a i'nkide]
opslaan (ww)	a păstra	[a pəs'tra]
verwijderen (wissen)	a şterge	[a 'ʃterdʒe]
kopiëren (ww)	a copia	[a kopi'ja]
sorteren (ww)	a sorta	[a sor'ta]
overplaatsen (ww)	a copia	[a kopi'ja]
programma (het)	program (n)	[pro'gram]
software (de)	programe (n) de aplicaţie	[pro'grame de apli'katsie]
programmeur (de)	programator (m)	[programa'tor]
programmeren (ww)	a programa	[a progra'ma]
hacker (computerkraker)	hacker (m)	['haker]
wachtwoord (het)	parolă (f)	[pa'rolə]
virus (het)	virus (m)	['virus]
ontdekken (virus ~)	a găsi	[a gə'si]

| byte (de) | bait (m) | [bajt] |
| megabyte (de) | megabyte (m) | [mega'bajt] |

| data (de) | date (f pl) | ['date] |
| databank (de) | bază (f) de date | ['bazə de 'date] |

kabel (USB-~, enz.)	cablu (n)	['kablu]
afsluiten (ww)	a deconecta	[a dekonek'ta]
aansluiten op (ww)	a conecta	[a konek'ta]

140. Internet. E-mail

internet (het)	internet (n)	[inter'net]
browser (de)	browser (n)	['brauzer]
zoekmachine (de)	motor (n) de căutare	[mo'tor de kəu'tare]
internetprovider (de)	cablu (n)	['kablu]

webmaster (de)	web master (m)	[web 'master]
website (de)	web site (n)	[web 'sajt]
webpagina (de)	pagină (f) web	['padʒinə web]

| adres (het) | adresă (f) | [a'dresə] |
| adresboek (het) | registru (n) de adrese | [re'dʒistru de a'drese] |

| postvak (het) | cutie (f) poştală | [ku'tie poʃ'talə] |
| post (de) | corespondenţă (f) | [korespon'dentsə] |

bericht (het)	mesaj (n)	[me'saʒ]
verzender (de)	expeditor (m)	[ekspedi'tor]
verzenden (ww)	a expedia	[a ekspedi'ja]
verzending (de)	expediere (f)	[ekspe'djere]

| ontvanger (de) | destinatar (m) | [destina'tar] |
| ontvangen (ww) | a primi | [a pri'mi] |

| correspondentie (de) | corespondenţă (f) | [korespon'dentsə] |
| corresponderen (met ...) | a coresponda | [a korespon'da] |

bestand (het)	fişier (n)	[fiʃi'er]
downloaden (ww)	a copia	[a kopi'ja]
creëren (ww)	a crea	[a 'krˈa]
verwijderen (een bestand ~)	a şterge	[a 'ʃterdʒe]
verwijderd (bn)	şters	[ʃters]

verbinding (de)	conexiune (f)	[koneksi'une]
snelheid (de)	viteză (f)	[vi'tezə]
modem (de)	modem (n)	[mo'dem]
toegang (de)	acces (n)	[ak'tʃes]
poort (de)	port (n)	[port]

aansluiting (de)	conectare (f)	[konek'tare]
zich aansluiten (ww)	a se conecta	[a se konek'ta]
selecteren (ww)	a alege	[a a'ledʒe]
zoeken (ww)	a căuta	[a kəu'ta]

Vervoer

141. Vliegtuig

vliegtuig (het)	avion (n)	[a'vjon]
vliegticket (het)	bilet (n) de avion	[bi'let de a'vjon]
luchtvaartmaatschappij (de)	companie (f) aeriană	[kompa'nie aeri'anə]
luchthaven (de)	aeroport (n)	[aero'port]
supersonisch (bn)	supersonic	[super'sonik]
gezagvoerder (de)	comandant (m) de navă	[koman'dant de 'navə]
bemanning (de)	echipaj (n)	[eki'paʒ]
piloot (de)	pilot (m)	[pi'lot]
stewardess (de)	stewardesă (f)	[stjuar'desə]
stuurman (de)	navigator (m)	[naviga'tor]
vleugels (mv.)	aripi (f pl)	[a'ripʲ]
staart (de)	coadă (f)	[ko'adə]
cabine (de)	cabină (f)	[ka'binə]
motor (de)	motor (n)	[mo'tor]
landingsgestel (het)	tren (n) de aterizare	[tren de ateri'zare]
turbine (de)	turbină (f)	[tur'binə]
propeller (de)	elice (f)	[e'litʃe]
zwarte doos (de)	cutie (f) neagră	[ku'tie 'nʲagrə]
stuur (het)	manşă (f)	['manʃə]
brandstof (de)	combustibil (m)	[kombus'tibil]
veiligheidskaart (de)	instrucţiune (f)	[instruktsi'une]
zuurstofmasker (het)	mască (f) cu oxigen	['maskə 'ku oksi'dʒen]
uniform (het)	uniformă (f)	[uni'forme]
reddingsvest (de)	vestă (f) de salvare	['veste de sal'vare]
parachute (de)	paraşută (f)	[para'ʃutə]
opstijgen (het)	decolare (f)	[deko'lare]
opstijgen (ww)	a decola	[a deko'la]
startbaan (de)	pistă (f) de decolare	['piste de deko'lare]
zicht (het)	vizibilitate (f)	[vizibili'tate]
vlucht (de)	zbor (n)	[zbor]
hoogte (de)	înălţime (f)	[inəl'tsime]
luchtzak (de)	gol de aer (n)	[gol de 'aer]
plaats (de)	loc (n)	[lok]
koptelefoon (de)	căşti (f pl)	[kəʃtʲ]
tafeltje (het)	măsuţă (f) rabatabilă	[mə'sutsə raba'tabile]
venster (het)	hublou (n)	[hu'blou]
gangpad (het)	trecere (f)	['tretʃere]

142. Trein

trein (de)	tren (n)	[tren]
elektrische trein (de)	tren (n) electric	['tren e'lektrik]
sneltrein (de)	tren (n) accelerat	['tren aktʃele'rat]
diesellocomotief (de)	locomotivă (f) cu motor diesel	[lokomo'tivə ku mo'tor 'dizel]
stoomlocomotief (de)	locomotivă (f)	[lokomo'tivə]
rijtuig (het)	vagon (n)	[va'gon]
restauratierijtuig (het)	vagon-restaurant (n)	[va'gon restau'rant]
rails (mv.)	şine (f pl)	['ʃine]
spoorweg (de)	cale (f) ferată	['kale fe'ratə]
dwarsligger (de)	traversă (f)	[tra'versə]
perron (het)	peron (n)	[pe'ron]
spoor (het)	linie (f)	['linie]
semafoor (de)	semafor (n)	[sema'for]
halte (bijv. kleine treinhalte)	staţie (f)	['statsie]
machinist (de)	maşinist (m)	[maʃi'nist]
kruier (de)	hamal (m)	[ha'mal]
conducteur (de)	însoţitor (m)	[insotsi'tor]
passagier (de)	pasager (m)	[pasa'dʒer]
controleur (de)	controlor (m)	[kontro'lor]
gang (in een trein)	coridor (n)	[kori'dor]
noodrem (de)	semnal (n) de alarmă	[sem'nal de a'larmə]
coupé (de)	compartiment (n)	[komparti'ment]
bed (slaapplaats)	cuşetă (f)	[ku'ʃetə]
bovenste bed (het)	patul (n) de sus	['patul de sus]
onderste bed (het)	patul (n) de jos	['patul de ʒos]
beddengoed (het)	lenjerie (f) de pat	[lenʒe'rie de pat]
kaartje (het)	bilet (n)	[bi'let]
dienstregeling (de)	orar (n)	[o'rar]
informatiebord (het)	panou (n)	[pa'nou]
vertrekken (De trein vertrekt …)	a pleca	[a ple'ka]
vertrek (ov. een trein)	plecare (f)	[ple'kare]
aankomen (ov. de treinen)	a sosi	[a so'si]
aankomst (de)	sosire (f)	[so'sire]
aankomen per trein	a veni cu trenul	[a ve'ni ku 'trenul]
in de trein stappen	a se aşeza în tren	[a se aʃə'za in tren]
uit de trein stappen	a coborî din tren	[a kobo'ri din tren]
treinwrak (het)	accident (n) de tren	[aktʃi'dent de tren]
stoomlocomotief (de)	locomotivă (f)	[lokomo'tivə]
stoker (de)	fochist (m)	[fo'kist]
stookplaats (de)	focar (n)	[fo'kar]
steenkool (de)	cărbune (m)	[kər'bune]

143. Schip

schip (het)	corabie (f)	[ko'rabie]
vaartuig (het)	navă (f)	['navə]
stoomboot (de)	vapor (n)	[va'por]
motorschip (het)	motonavă (f)	[moto'navə]
lijnschip (het)	vas (n) de croazieră	[vas de kroa'zjerə]
kruiser (de)	crucişător (n)	[krutʃiʃə'tor]
jacht (het)	iaht (n)	[jaht]
sleepboot (de)	remorcher (n)	[remor'ker]
duwbak (de)	şlep (n)	[ʃlep]
ferryboot (de)	bac (n)	[bak]
zeilboot (de)	velier (n)	[ve'ljer]
brigantijn (de)	brigantină (f)	[brigan'tinə]
ijsbreker (de)	spărgător (n) de gheaţă	[spərgə'tor de 'giatsə]
duikboot (de)	submarin (n)	[subma'rin]
boot (de)	barcă (f)	['barkə]
sloep (de)	şalupă (f)	[ʃa'lupə]
reddingssloep (de)	şalupă (f) de salvare	[ʃa'lupə de sal'vare]
motorboot (de)	cuter (n)	['kuter]
kapitein (de)	căpitan (m)	[kəpi'tan]
zeeman (de)	marinar (m)	[mari'nar]
matroos (de)	marinar (m)	[mari'nar]
bemanning (de)	echipaj (n)	[eki'paʒ]
bootsman (de)	şef (m) de echipaj	[ʃef de eki'paʒ]
scheepsjongen (de)	mus (m)	[mus]
kok (de)	bucătar (m)	[bukə'tar]
scheepsarts (de)	medic (m) pe navă	['medik pe 'navə]
dek (het)	teugă (f)	[te'ugə]
mast (de)	catarg (n)	[ka'targ]
zeil (het)	velă (f)	['velə]
ruim (het)	cală (f)	['kalə]
voorsteven (de)	proră (f)	['prorə]
achtersteven (de)	pupă (f)	['pupə]
roeispaan (de)	vâslă (f)	['vislə]
schroef (de)	elice (f)	[e'litʃe]
kajuit (de)	cabină (f)	[ka'binə]
officierskamer (de)	salonul (n) ofiţerilor	[sa'lonul ofi'tserilor]
machinekamer (de)	sala (f) maşinilor	['sala ma'ʃinilor]
brug (de)	punte (f) de comandă	['punte de ko'mandə]
radiokamer (de)	staţie (f) de radio	['statsie de 'radio]
radiogolf (de)	undă (f)	['undə]
logboek (het)	jurnal (n) de bord	[ʒur'nal de bord]
verrekijker (de)	lunetă (f)	[lu'netə]
klok (de)	clopot (n)	['klopot]

vlag (de)	steag (n)	['stʲag]
kabel (de)	parâmă (f)	[pa'rimə]
knoop (de)	nod (n)	[nod]

| leuning (de) | bară (f) | ['barə] |
| trap (de) | pasarelă (f) | [pasa'relə] |

anker (het)	ancoră (f)	['ankorə]
het anker lichten	a ridica ancora	[a ridi'ka 'ankora]
het anker neerlaten	a ancora	[a anko'ra]
ankerketting (de)	lanţ (n) de ancoră	[lanʦ de 'ankorə]

haven (bijv. containerhaven)	port (n)	[port]
kaai (de)	acostare (f)	[akos'tare]
aanleggen (ww)	a acosta	[a akos'ta]
wegvaren (ww)	a demara	[a dema'ra]

reis (de)	călătorie (f)	[kələto'rie]
cruise (de)	croazieră (f)	[kroa'zjerə]
koers (de)	direcţie (f)	[di'rekʦie]
route (de)	rută (f)	['rutə]

vaarwater (het)	cale (f) navigabilă	['kale navi'gabilə]
zandbank (de)	banc (n) de nisip	[bank de ni'sip]
stranden (ww)	a se împotmoli	[a se impotmo'li]

storm (de)	furtună (f)	[fur'tunə]
signaal (het)	semnal (n)	[sem'nal]
zinken (ov. een boot)	a se scufunda	[a se skufun'da]
SOS (noodsignaal)	SOS	[sos]
reddingsboei (de)	colac (m) de salvare	[ko'lak de sal'vare]

144. Vliegveld

luchthaven (de)	aeroport (n)	[aero'port]
vliegtuig (het)	avion (n)	[a'vjon]
luchtvaartmaatschappij (de)	companie (f) aeriană	[kompa'nie aeri'anə]
luchtverkeersleider (de)	dispecer (n)	[dis'peʧer]

vertrek (het)	decolare (f)	[deko'lare]
aankomst (de)	aterizare (f)	[ateri'zare]
aankomen (per vliegtuig)	a ateriza	[a ateri'za]

| vertrektijd (de) | ora (f) decolării | ['ora dekolərij] |
| aankomstuur (het) | ora (f) aterizării | ['ora aterizərij] |

| vertraagd zijn (ww) | a întârzia | [a intir'zija] |
| vluchtvertraging (de) | întârzierea (f) zborului | [intirzjerʲa 'zboruluj] |

informatiebord (het)	panou (n)	[pa'nou]
informatie (de)	informaţie (f)	[infor'maʦie]
aankondigen (ww)	a anunţa	[a anun'ʦa]
vlucht (bijv. KLM ~)	cursă (f)	['kursə]
douane (de)	vamă (f)	['vamə]

douanier (de)	vameş (m)	['vameʃ]
douaneaangifte (de)	declaraţie (f)	[dekla'ratsie]
een douaneaangifte invullen	a completa declaraţia	[a komple'ta dekla'ratsija]
paspoortcontrole (de)	controlul (n) paşapoartelor	[kon'trolul paʃapo'artelor]

bagage (de)	bagaj (n)	[ba'gaʒ]
handbagage (de)	bagaj (n) de mână	[ba'gaʒ de 'minə]
bagagekarretje (het)	cărucior (n) pentru bagaj	[kəru'tʃior 'pentru ba'gaʒ]

landing (de)	aterizare (f)	[ateri'zare]
landingsbaan (de)	pistă (f) de aterizare	['pistə de ateri'zare]
landen (ww)	a ateriza	[a ateri'za]
vliegtuigtrap (de)	scară (f)	['skarə]

inchecken (het)	înregistrare (f)	[inredʒis'trare]
incheckbalie (de)	birou (n) de înregistrare	[bi'rou de inredʒis'trare]
inchecken (ww)	a se înregistra	[a se inredʒis'tra]
instapkaart (de)	număr (n) de bord	['numər de bord]
gate (de)	debarcare (f)	[debar'kare]

transit (de)	tranzit (n)	['tranzit]
wachten (ww)	a aştepta	[a aʃtep'ta]
wachtzaal (de)	sală (f) de aşteptare	['salə de aʃtep'tare]
begeleiden (uitwuiven)	a conduce	[a kon'dutʃe]
afscheid nemen (ww)	a-şi lua rămas bun	[aʃ lu'a rə'mas bun]

145. Fiets. Motorfiets

fiets (de)	bicicletă (f)	[bitʃi'kletə]
bromfiets (de)	scuter (n)	['skuter]
motorfiets (de)	motocicletă (f)	[mototʃi'kletə]

met de fiets rijden	a merge cu bicicleta	[a 'merdʒe ku bitʃik'leta]
stuur (het)	ghidon (n)	[gi'don]
pedaal (de/het)	pedală (f)	[pe'dalə]
remmen (mv.)	frână (f)	['frinə]
fietszadel (de/het)	şa (f)	[ʃa]

pomp (de)	pompă (f)	['pompə]
bagagedrager (de)	portbagaj (n)	[portba'gaʒ]
fietslicht (het)	felinar (n)	[feli'nar]
helm (de)	cască (f)	['kaskə]

wiel (het)	roată (f)	[ro'atə]
spatbord (het)	aripă (f)	[a'ripə]
velg (de)	obada (f) roţii	[o'bada 'rotsij]
spaak (de)	spiţă (f)	['spitsə]

Auto's

146. Soorten auto's

auto (de)	automobil (n)	[automo'bil]
sportauto (de)	automobil (n) sport	[automo'bil 'sport]
limousine (de)	limuzină (f)	[limu'zinə]
terreinwagen (de)	vehicul (n) de teren (n)	[ve'hikul de te'ren]
cabriolet (de)	cabrioletă (f)	[kabrio'letə]
minibus (de)	microbuz (n)	[mikro'buz]
ambulance (de)	ambulanță (f)	[ambu'lantsə]
sneeuwruimer (de)	maşină (f) de deszăpezire	[ma'ʃinə de deszəpe'zire]
vrachtwagen (de)	autocamion (n)	[autoka'mjon]
tankwagen (de)	autocisternă (f) pentru combustibil	[autotʃis'ternə 'pentru kombus'tibil]
bestelwagen (de)	furgon (n)	[fur'gon]
trekker (de)	remorcher (n)	[remor'ker]
aanhangwagen (de)	remorcă (f)	[re'morkə]
comfortabel (bn)	confortabil	[konfor'tabil]
tweedehands (bn)	uzat	[u'zat]

147. Auto's. Carrosserie

motorkap (de)	capotă (f)	[ka'potə]
spatbord (het)	aripă (f)	[a'ripə]
dak (het)	acoperiş (n)	[akope'riʃ]
voorruit (de)	parbriz (n)	[par'briz]
achterruit (de)	oglindă (f) retrovizoare	[og'lində retrovizo'are]
ruitensproeier (de)	ştergător (n)	[ʃtergə'tor]
wisserbladen (mv.)	ştergător (n) de parbriz	[ʃtergə'tor de par'briz]
zijruit (de)	fereastră (f) laterală	[fe'rʲastrə late'ralə]
raamlift (de)	macara (f) de geam	[maka'ra de dʒʲam]
antenne (de)	antenă (f)	[an'tenə]
zonnedak (het)	trapă (f)	['trapə]
bumper (de)	amortizor (n)	[amorti'zor]
koffer (de)	portbagaj (n)	[portba'gaʒ]
portier (het)	portieră (f)	[por'tjerə]
handvat (het)	mâner (n)	[mɨ'ner]
slot (het)	încuietoare (f)	[ɨnkueto'are]
nummerplaat (de)	număr (n)	['numər]
knalpot (de)	tobă (f)	['tobə]

| benzinetank (de) | rezervor (n) de benzină | [rezer'vor de ben'zinə] |
| uitlaatpijp (de) | ţeavă (f) de eşapament | ['tsʲavə de eʃapa'ment] |

gas (het)	gaz (n)	[gaz]
pedaal (de/het)	pedală (f)	[pe'dalə]
gaspedaal (de/het)	pedală (f) de acceleraţie	[pe'dalə de aktʃele'ratsie]

rem (de)	frână (f)	['frinə]
rempedaal (de/het)	pedală (f) de frână	[pe'dalə de 'frinə]
remmen (ww)	a frâna	[a fri'na]
handrem (de)	frână (f) de staţionare	['frinə de statsio'nare]

koppeling (de)	ambreiaj (n)	[ambre'jaʒ]
koppelingspedaal (de/het)	pedală (f) de ambreiaj	[pe'dalə de ambre'jaʒ]
koppelingsschijf (de)	disc (n) de ambreiaj	['disk de ambre'jaʒ]
schokdemper (de)	amortizor (n)	[amorti'zor]

wiel (het)	roată (f)	[ro'atə]
reservewiel (het)	roată (f) de rezervă	[ro'ate de re'zervə]
wieldop (de)	capac (n)	[ka'pak]

aandrijfwielen (mv.)	roţi (f pl) de tracţiune	['rotsʲ de traktsi'une]
met voorwielaandrijving	tracţiune (f) frontală	[traktsi'une fron'talə]
met achterwielaandrijving	tracţiune (f) spate	[traktsi'une 'spate]
met vierwielaandrijving	tracţiune (f) integrală	[traktsi'une inte'gralə]

versnellingsbak (de)	cutie (f) de viteză	[ku'tie de vi'tezə]
automatisch (bn)	automat	[auto'mat]
mechanisch (bn)	mecanic	[me'kanik]
versnellingspook (de)	manetă (f) de viteze	[ma'nete de vi'teze]

| voorlicht (het) | far (n) | [far] |
| voorlichten (mv.) | faruri (n pl) | ['farurʲ] |

dimlicht (het)	fază (f) mică	['faze 'mikə]
grootlicht (het)	fază (f) mare	['faze 'mare]
stoplicht (het)	semnal (n) de oprire	[sem'nal de o'prire]

standlichten (mv.)	semn (n) de gabarit	[semn de gaba'rit]
noodverlichting (de)	lumini (f) de avarie	[lu'minʲ de a'varie]
mistlichten (mv.)	faruri (n pl) anticeaţă	['farurʲ anti'tʃatse]
pinker (de)	mecanism (n) de direcţie	[meka'nism de di'rektsie]
achteruitrijdlicht (het)	marşarier (n)	[marʃari'er]

148. Auto's. Passagiersruimte

interieur (het)	interior (n)	[inte'rjor]
leren (van leer gemaak)	de piele	[de 'pjele]
fluwelen (abn)	de catifea	[de kati'fʲa]
bekleding (de)	tapiţare (f)	[tapi'tsare]

toestel (het)	dispozitiv (n)	[dispozi'tiv]
instrumentenbord (het)	panou (n) de comandă	[pa'nou de ko'mandə]
snelheidsmeter (de)	vitezometru (n)	[vitezo'metru]

pijltje (het)	ac (n)	[ak]
kilometerteller (de)	contor (n)	[kon'tor]
sensor (de)	indicator (n)	[indika'tor]
niveau (het)	nivel (n)	[ni'vel]
controlelampje (het)	bec (n)	[bek]

stuur (het)	volan (n)	[vo'lan]
toeter (de)	claxon (n)	[klak'son]
knopje (het)	buton (n)	[bu'ton]
schakelaar (de)	schimbător (n) de viteză	[skimbə'tor de vi'tezə]

stoel (bestuurders~)	scaun (n)	['skaun]
rugleuning (de)	spătar (n)	[spə'tar]
hoofdsteun (de)	tetieră (f)	[te'tjerə]
veiligheidsgordel (de)	centură (f) de siguranţă	[tʃen'turə de sigu'rantsə]
de gordel aandoen	a pune centura de siguranţă	[a 'pune tʃen'tura de sigu'rantsə]
regeling (de)	reglare (f)	[re'glare]

airbag (de)	airbag (n)	['erbeg]
airconditioner (de)	aer (n) condiţionat	['aer konditsio'nat]

radio (de)	radio (n)	['radio]
CD-speler (de)	CD player (n)	[si'di 'pleer]
aanzetten (bijv. radio ~)	a deschide	[a des'kide]
antenne (de)	antenă (f)	[an'tenə]
handschoenenkastje (het)	torpedou (m)	[torpe'dou]
asbak (de)	scrumieră (f)	[skru'mjerə]

149. Auto's. Motor

motor (de)	motor (n)	[mo'tor]
diesel- (abn)	diesel	['dizel]
benzine- (~motor)	pe benzină	[pe ben'zinə]

motorinhoud (de)	capacitatea (n) motorului	[kapatʃi'tatʲa mo'toruluj]
vermogen (het)	putere (f)	[pu'tere]
paardenkracht (de)	cal-putere (m)	[kal pu'tere]
zuiger (de)	piston (m)	[pis'ton]
cilinder (de)	cilindru (m)	[tʃi'lindru]
klep (de)	supapă (f)	[su'papə]

injectie (de)	injector (n)	[inʒek'tor]
generator (de)	generator (n)	[dʒenera'tor]
carburator (de)	carburator (n)	[karbura'tor]
motorolie (de)	ulei (n) pentru motor	[u'lej 'pentru mo'tor]

radiator (de)	radiator (n)	[radia'tor]
koelvloeistof (de)	antigel (n)	[anti'dʒel]
ventilator (de)	ventilator (n)	[ventila'tor]

accu (de)	acumulator (n)	[akumula'tor]
starter (de)	demaror (n)	[dema'ror]
contact (ontsteking)	aprindere (f)	[a'prindere]

bougie (de)	bujie (f) de aprindere	[bu'ʒie de a'prindere]
pool (de)	bornă (f)	['bornə]
positieve pool (de)	plus (n)	[plus]
negatieve pool (de)	minus (m)	['minus]
zekering (de)	siguranţă (f)	[sigu'rantsə]

luchtfilter (de)	filtru (n) de aer	['filtru de 'aer]
oliefilter (de)	filtru (n) pentru ulei	['filtru 'pentru u'lej]
benzinefilter (de)	filtru (n) pentru combustibil	['filtru 'pentru kombus'tibil]

150. Auto's. Botsing. Reparatie

auto-ongeval (het)	accident (n)	[aktʃi'dent]
verkeersongeluk (het)	accident (n) rutier	[aktʃi'dent ru'tjer]
aanrijden (tegen een boom, enz.)	a se tampona	[a se tampo'na]
verongelukken (ww)	a se sparge	[a se 'spardʒe]
beschadiging (de)	avariere (f)	[ava'rjere]
heelhuids (bn)	întreg	[in'treg]

pech (de)	pană (f)	['panə]
kapot gaan (zijn gebroken)	a se strica	[a se stri'ka]
sleeptouw (het)	cablu (n) de remorcaj	['kablu de remor'kaʒ]

lek (het)	găurire (f)	[gəu'rire]
lekke krijgen (band)	a se dezumfla	[a se dezum'fla]
oppompen (ww)	a pompa	[a pom'pa]
druk (de)	presiune (f)	[presi'une]
checken (ww)	a verifica	[a verifi'ka]

reparatie (de)	reparaţie (f)	[repa'ratsie]
garage (de)	service (n) auto	['servis 'auto]
wisselstuk (het)	detalii (f pl)	[de'talij]
onderdeel (het)	detaliu (n)	[de'talju]

bout (de)	şurub (n)	[ʃu'rub]
schroef (de)	şurub (n)	[ʃu'rub]
moer (de)	piuliţă (f)	[pju'litsə]
sluitring (de)	şaibă (f)	['ʃajbə]
kogellager (de/het)	rulment (m)	[rul'ment]

pijp (de)	tub (n)	[tub]
pakking (de)	garnitură (f)	[garni'turə]
kabel (de)	cablu (n)	['kablu]

dommekracht (de)	cric (n)	[krik]
moersleutel (de)	cheie (f) fixă	['kee 'fiksə]
hamer (de)	ciocan (n)	[tʃio'kan]
pomp (de)	pompă (f)	['pompə]
schroevendraaier (de)	şurubelniţă (f)	[ʃuru'belnitsə]
brandblusser (de)	stingător (n)	[stinge'tor]
gevarendriehoek (de)	semn (n) de avarie	[semn de a'varie]
afslaan (ophouden te werken)	a se opri	[a se o'pri]

137

uitvallen (het)	oprire (f)	[o'prire]
zijn gebroken	a fi stricat	[a fi stri'kat]

oververhitten (ww)	a se încălzi	[a se inkəl'zi]
verstopt raken (ww)	a se înfunda	[a se infun'da]
bevriezen (autodeur, enz.)	a îngheţa	[a inge'tsa]
barsten (leidingen, enz.)	a crăpa	[a krə'pa]

druk (de)	presiune (f)	[presi'une]
niveau (bijv. olieniveau)	nivel (n)	[ni'vel]
slap (de drijfriem is ~)	scăzut	[skə'zut]

deuk (de)	îndoitură (f)	[indoi'turə]
geklop (vreemde geluiden)	lovitură (f)	[lovi'turə]
barst (de)	crăpătură (f)	[krəpə'turə]
kras (de)	zgârietură (f)	[zgirie'turə]

151. Auto's. Weg

weg (de)	drum (n)	[drum]
snelweg (de)	autostradă (f)	[auto'stradə]
autoweg (de)	şosea (f)	[ʃo'sʲa]
richting (de)	direcţie (f)	[di'rektsie]
afstand (de)	distanţă (f)	[dis'tantsə]

brug (de)	pod (n)	[pod]
parking (de)	loc (n) de parcare	[lok de par'kare]
plein (het)	piaţă (f)	['pjatsə]
verkeersknooppunt (het)	răscruce (f)	[rəs'krutʃe]
tunnel (de)	tunel (n)	[tu'nel]

benzinestation (het)	benzinărie (f)	[benzinə'rie]
parking (de)	parcare (f)	[par'kare]
benzinepomp (de)	staţie (f) de benzină	['statsie de ben'zinə]
garage (de)	garaj (n)	[ga'raʒ]
tanken (ww)	a alimenta	[a alimen'ta]
brandstof (de)	combustibil (m)	[kombus'tibil]
jerrycan (de)	canistră (f)	[ka'nistrə]

asfalt (het)	asfalt (n)	[as'falt]
markering (de)	marcare (f)	[mar'kare]
trottoirband (de)	bordură (f)	[bor'durə]
geleiderail (de)	îngrădire (f)	[ingrə'dire]
greppel (de)	şanţ (n) de scurgere	[ʃants de 'skurdʒere]
vluchtstrook (de)	margine (f)	['mardʒine]
lichtmast (de)	stâlp (m)	[stilp]

besturen (een auto ~)	a conduce	[a kon'dutʃe]
afslaan (naar rechts ~)	a întoarce	[a into'artʃe]
U-bocht maken (ww)	a vira	[a vi'ra]
achteruit (de)	mers (n) înapoi	['mers ina'poj]

toeteren (ww)	a semnaliza	[a semnali'za]
toeter (de)	semnal (n) acustic	[sem'nal a'kustik]

vastzitten (in modder)	a se împotmoli	[a se împotmo'li]
spinnen (wielen gaan ~)	a remorca	[a remor'ka]
uitzetten (ww)	a opri	[a op'ri]
snelheid (de)	viteză (f)	[vi'tezə]
een snelheidsovertreding maken	a depăşi viteza	[a depə'ʃi vi'teza]
bekeuren (ww)	a amenda	[a amen'da]
verkeerslicht (het)	semafor (n)	[sema'for]
rijbewijs (het)	permis (n) de conducere	[per'mis de kon'dutʃere]
overgang (de)	traversare (f)	[traver'sare]
kruispunt (het)	intersecţie (f)	[inter'sektsie]
zebrapad (oversteekplaats)	trecere (f) de pietoni	['tretʃere de pie'tonⁱ]
bocht (de)	curbă (f)	['kurbə]
voetgangerszone (de)	zonă (f) pentru pietoni	['zonə 'pentru pie'tonⁱ]

MENSEN. GEBEURTENISSEN IN HET LEVEN

Gebeurtenissen in het leven

152. Vakanties. Evenement

feest (het)	sărbătoare (f)	[sərbəto'are]
nationale feestdag (de)	sărbătoare (f) naţională	[sərbəto'are natsio'nalə]
feestdag (de)	zi (f) de sărbătoare	[zi de sərbəto'are]
herdenken (ww)	a sărbători	[a sərbəto'ri]
gebeurtenis (de)	eveniment (n)	[eveni'ment]
evenement (het)	manifestare (f)	[manifes'tare]
banket (het)	banchet (n)	[ban'ket]
receptie (de)	recepţie (f)	[re'tʃeptsie]
feestmaal (het)	ospăţ (n)	[os'pəts]
verjaardag (de)	aniversare (f)	[aniver'sare]
jubileum (het)	jubileu (n)	[ʒubi'leu]
vieren (ww)	a sărbători	[a sərbəto'ri]
Nieuwjaar (het)	Anul (m) Nou	['anul 'nou]
Gelukkig Nieuwjaar!	La Mulţi Ani!	[la 'multsʲ anʲ]
Kerstfeest (het)	Crăciun (n)	[krə'tʃiun]
Vrolijk kerstfeest!	Crăciun Fericit!	[krə'tʃiun feri'tʃit]
kerstboom (de)	pom (m) de Crăciun	[pom de krə'tʃiun]
vuurwerk (het)	artificii (n)	[arti'fitʃij]
bruiloft (de)	nuntă (f)	['nuntə]
bruidegom (de)	mire (m)	['mire]
bruid (de)	mireasă (f)	[mi'rʲasə]
uitnodigen (ww)	a invita	[a invi'ta]
uitnodigingskaart (de)	invitaţie (f)	[invi'tatsie]
gast (de)	oaspete (m)	[o'aspete]
op bezoek gaan	a merge în ospeţie	[a 'merdʒe în ospe'tsie]
gasten verwelkomen	a întâmpina oaspeţii	[a întîmpi'na o'aspetsij]
geschenk, cadeau (het)	cadou (n)	[ka'dou]
geven (iets cadeau ~)	a dărui	[a dəru'i]
geschenken ontvangen	a primi cadouri	[a pri'mi ka'dourʲ]
boeket (het)	buchet (n)	[bu'ket]
felicitaties (mv.)	urare (f)	[u'rare]
feliciteren (ww)	a felicita	[a felitʃi'ta]
wenskaart (de)	felicitare (f)	[felitʃi'tare]
een kaartje versturen	a expedia o felicitare	[a ekspedi'ja o felitʃi'tare]

een kaartje ontvangen	a primi o felicitare	[a pri'mi o felitʃi'tare]
toast (de)	toast (n)	[tost]
aanbieden (een drankje ~)	a servi	[a ser'vi]
champagne (de)	şampanie (f)	[ʃam'panie]

plezier hebben (ww)	a se veseli	[a se vese'li]
plezier (het)	veselie (f)	[vese'lie]
vreugde (de)	bucurie (f)	[buku'rie]

| dans (de) | dans (n) | [dans] |
| dansen (ww) | a dansa | [a dan'sa] |

| wals (de) | vals (n) | [vals] |
| tango (de) | tangou (n) | [tan'gou] |

153. Begrafenissen. Begrafenis

kerkhof (het)	cimitir (n)	[tʃimi'tir]
graf (het)	mormânt (n)	[mor'mɨnt]
kruis (het)	cruce (f)	['krutʃe]
grafsteen (de)	piatră funerară (n)	['pjatrə fune'rarə]
omheining (de)	gard (n)	[gard]
kapel (de)	capelă (f)	[ka'pelə]

dood (de)	moarte (f)	[mo'arte]
sterven (ww)	a muri	[a mu'ri]
overledene (de)	mort (m)	[mort]
rouw (de)	doliu (n)	['dolju]

begraven (ww)	a îngropa	[a ɨngro'pa]
begrafenisonderneming (de)	pompe (f pl) funebre	['pompe fu'nebre]
begrafenis (de)	înmormântare (f)	[ɨnmormɨn'tare]

krans (de)	cunună (f)	[ku'nunə]
doodskist (de)	sicriu (n)	[si'kriu]
lijkwagen (de)	dric (n)	[drik]
lijkkleed (de)	giulgiu (n)	['dʒiuldʒiu]

| urn (de) | urnă (f) funerară | ['urnə fune'rarə] |
| crematorium (het) | crematoriu (n) | [krema'torju] |

overlijdensbericht (het)	necrolog (m)	[nekro'log]
huilen (wenen)	a plânge	[a 'plɨndʒe]
snikken (huilen)	a plânge în hohote	[a 'plɨndʒe ɨn 'hohote]

154. Oorlog. Soldaten

peloton (het)	pluton (n)	[plu'ton]
compagnie (de)	companie (f)	[kompa'nie]
regiment (het)	regiment (n)	[redʒi'ment]
leger (armee)	armată (f)	[ar'matə]
divisie (de)	divizie (f)	[di'vizie]

| sectie (de) | detaşament (n) | [detaʃa'ment] |
| troep (de) | armată (f) | [ar'matə] |

| soldaat (militair) | soldat (m) | [sol'dat] |
| officier (de) | ofiţer (m) | [ofi'tser] |

soldaat (rang)	soldat (m)	[sol'dat]
sergeant (de)	sergent (m)	[ser'dʒent]
luitenant (de)	locotenent (m)	[lokote'nent]
kapitein (de)	căpitan (m)	[kəpi'tan]
majoor (de)	maior (m)	[ma'jor]
kolonel (de)	colonel (m)	[kolo'nel]
generaal (de)	general (m)	[dʒene'ral]

matroos (de)	marinar (m)	[mari'nar]
kapitein (de)	căpitan (m)	[kəpi'tan]
bootsman (de)	şef (m) de echipaj	[ʃef de eki'paʒ]

artillerist (de)	artilerist (m)	[artile'rist]
valschermjager (de)	paraşutist (m)	[paraʃu'tist]
piloot (de)	pilot (m)	[pi'lot]
stuurman (de)	navigator (m)	[naviga'tor]
mecanicien (de)	mecanic (m)	[me'kanik]

sappeur (de)	genist (m)	[dʒe'nist]
parachutist (de)	paraşutist (m)	[paraʃu'tist]
verkenner (de)	cercetaş (m)	[tʃertʃe'taʃ]
scherpschutter (de)	lunetist (m)	[lune'tist]

patrouille (de)	patrulă (f)	[pa'trulə]
patrouilleren (ww)	a patrula	[a patru'la]
wacht (de)	santinelă (f)	[santi'nelə]

krijger (de)	ostaş (m)	[os'taʃ]
patriot (de)	patriot (m)	[patri'ot]
held (de)	erou (m)	[e'rou]
heldin (de)	eroină (f)	[ero'inə]

verrader (de)	trădător (m)	[trədə'tor]
deserteur (de)	dezertor (m)	[dezer'tor]
deserteren (ww)	a dezerta	[a dezer'ta]

huurling (de)	mercenar (m)	[mertʃe'nar]
rekruut (de)	recrut (m)	[re'krut]
vrijwilliger (de)	voluntar (m)	[volun'tar]

gedode (de)	ucis (m)	[u'tʃis]
gewonde (de)	rănit (m)	[rə'nit]
krijgsgevangene (de)	prizonier (m)	[prizo'njer]

155. Oorlog. Militaire acties. Deel 1

| oorlog (de) | război (n) | [rəz'boj] |
| oorlog voeren (ww) | a lupta | [a lup'ta] |

burgeroorlog (de)	război (n) civil	[rəz'boj tʃi'vil]
achterbaks (bw)	în mod perfid	[in mod per'fid]
oorlogsverklaring (de)	declarare (f)	[dekla'rare]
verklaren (de oorlog ~)	a declara	[a dekla'ra]
agressie (de)	agresiune (f)	[agresi'une]
aanvallen (binnenvallen)	a ataca	[a ata'ka]
binnenvallen (ww)	a captura	[a kaptu'ra]
invaller (de)	cotropitor (m)	[kotropi'tor]
veroveraar (de)	cuceritor (m)	[kutʃeri'tor]
verdediging (de)	apărare (f)	[apə'rare]
verdedigen (je land ~)	a apăra	[a apə'ra]
zich verdedigen (ww)	a se apăra	[a se apə'ra]
vijand (de)	duşman (m)	[duʃ'man]
tegenstander (de)	adversar (m)	[adver'sar]
vijandelijk (bn)	duşmănos	[duʃmə'nos]
strategie (de)	strategie (f)	[strate'dʒie]
tactiek (de)	tactică (f)	['taktikə]
order (de)	ordin (n)	['ordin]
bevel (het)	comandă (f)	[ko'mandə]
bevelen (ww)	a ordona	[a ordo'na]
opdracht (de)	misiune (f)	[misi'une]
geheim (bn)	secret	[se'kret]
veldslag (de)	bătălie (f)	[bətə'lie]
strijd (de)	luptă (f)	['luptə]
aanval (de)	atac (n)	[a'tak]
bestorming (de)	asalt (n)	[a'salt]
bestormen (ww)	a asalta	[a asal'ta]
bezetting (de)	asediu (n)	[a'sedju]
aanval (de)	atac (n)	[a'tak]
in het offensief te gaan	a ataca	[a ata'ka]
terugtrekking (de)	retragere (f)	[re'tradʒere]
zich terugtrekken (ww)	a se retrage	[a se re'tradʒe]
omsingeling (de)	încercuire (f)	[intʃerku'ire]
omsingelen (ww)	a încercui	[a intʃerku'i]
bombardement (het)	bombardament (n)	[bombarda'ment]
een bom gooien	a arunca o bombă	[a arun'ka o 'bombə]
bombarderen (ww)	a bombarda	[a bombar'da]
ontploffing (de)	explozie (f)	[eks'plozie]
schot (het)	împuşcătură (f)	[impuʃkə'turə]
een schot lossen	a împuşca	[a impuʃ'ka]
schieten (het)	foc (n)	[fok]
mikken op (ww)	a ţinti	[a tsin'ti]
aanleggen (een wapen ~)	a îndrepta	[a indrep'ta]

143

treffen (doelwit ~)	a nimeri	[a nime'ri]
zinken (tot zinken brengen)	a scufunda	[a skufun'da]
kogelgat (het)	gaură (f)	['gaurə]
zinken (gezonken zijn)	a se scufunda	[a se skufun'da]

front (het)	front (n)	[front]
evacuatie (de)	evacuare (f)	[evaku'are]
evacueren (ww)	a evacua	[a evaku'a]

loopgraaf (de)	tranşee (f)	[tran'ʃee]
prikkeldraad (de)	sârmă (f) ghimpată	['sirmə gim'patə]
verdedigingsobstakel (het)	îngrădire (f)	[ingrə'dire]
wachttoren (de)	turlă (f)	['turlə]

hospitaal (het)	spital (n)	[spi'tal]
verwonden (ww)	a răni	[a rə'ni]
wond (de)	rană (f)	['ranə]
gewonde (de)	rănit (m)	[rə'nit]
gewond raken (ww)	a fi rănit	[a fi rə'nit]
ernstig (~e wond)	serios	[se'rjos]

156. Wapens

wapens (mv.)	armă (f)	['armə]
vuurwapens (mv.)	armă (f) de foc	['armə de fok]
koude wapens (mv.)	armă (f) albă	['armə 'albə]

chemische wapens (mv.)	armă (f) chimică	['armə 'kimikə]
kern-, nucleair (bn)	nuclear	[nukle'ar]
kernwapens (mv.)	armă (f) nucleară	['armə nukle'arə]

bom (de)	bombă (f)	['bombə]
atoombom (de)	bombă (f) atomică	['bombə a'tomikə]

pistool (het)	pistol (n)	[pis'tol]
geweer (het)	armă (f)	['armə]
machinepistool (het)	automat (n)	[auto'mat]
machinegeweer (het)	mitralieră (f)	[mitra'ljerə]

loop (schietbuis)	gură (f)	['gurə]
loop (bijv. geweer met kortere ~)	ţeavă (f)	['tsʲavə]
kaliber (het)	calibru (n)	[ka'libru]

trekker (de)	cocoş (m)	[ko'koʃ]
korrel (de)	înălţător (n)	[inəltsə'tor]
magazijn (het)	magazie (f)	[maga'zie]
geweerkolf (de)	patul (n) de puşcă	['patul de 'puʃka]

granaat (handgranaat)	grenadă (f)	[gre'nadə]
explosieven (mv.)	exploziv (n)	[eksplo'ziv]

kogel (de)	glonţ (n)	[glonts]
patroon (de)	cartuş (n)	[kar'tuʃ]

| lading (de) | încărcătură (f) | [inkərkə'turə] |
| ammunitie (de) | muniţii (f pl) | [mu'nitsij] |

bommenwerper (de)	bombardier (n)	[bombar'djer]
straaljager (de)	distrugător (n)	[distrugə'tor]
helikopter (de)	elicopter (n)	[elikop'ter]

afweergeschut (het)	tun (n) antiaerian	[tun antiaeri'an]
tank (de)	tanc (n)	[tank]
kanon (tank met een ~ van 76 mm)	tun (n)	[tun]

| artillerie (de) | artilerie (f) | [artile'rie] |
| aanleggen (een wapen ~) | a îndrepta | [a indrep'ta] |

projectiel (het)	proiectil (n)	[proek'til]
mortiergranaat (de)	mină (f)	['minə]
mortier (de)	aruncător (n) de mine	[arunkə'tor de 'mine]
granaatscherf (de)	schijă (f)	['skiʒə]

duikboot (de)	submarin (n)	[subma'rin]
torpedo (de)	torpilă (f)	[tor'pilə]
raket (de)	rachetă (f)	[ra'ketə]

laden (geweer, kanon)	a încărca	[a inkər'ka]
schieten (ww)	a trage	[a 'tradʒə]
richten op (mikken)	a ţinti	[a tsin'ti]
bajonet (de)	baionetă (f)	[bajo'netə]

degen (de)	spadă (f)	['spadə]
sabel (de)	sabie (f)	['sabie]
speer (de)	suliţă (f)	['sulitsə]
boog (de)	arc (n)	[ark]
pijl (de)	săgeată (f)	[sə'dʒʲatə]
musket (de)	flintă (f)	['flintə]
kruisboog (de)	arbaletă (f)	[arba'letə]

157. Oude mensen

primitief (bn)	primitiv	[primi'tiv]
voorhistorisch (bn)	preistoric	[preis'torik]
eeuwenoude (~ beschaving)	strãvechi	[strə'veki]

Steentijd (de)	Epoca (f) de piatră	['epoka de 'pjatrə]
Bronstijd (de)	Epoca (f) de bronz	['epoka de 'bronz]
IJstijd (de)	Epoca (f) glaciară	['epoka glatʃi'arə]

stam (de)	trib (n)	[trib]
menseneter (de)	canibal (m)	[kani'bal]
jager (de)	vânător (m)	[vinə'tor]
jagen (ww)	a vâna	[a vi'na]
mammoet (de)	mamut (m)	[ma'mut]
grot (de)	peşteră (f)	['peʃterə]
vuur (het)	foc (n)	[fok]

145

| kampvuur (het) | foc (n) de tabără | [fok də ta'berə] |
| rotstekening (de) | desen (n) pe piatră | [de'sen pe 'pjatrə] |

werkinstrument (het)	unealtă (f)	[u'niʲaltə]
speer (de)	suliță (f)	['sulitsə]
stenen bijl (de)	topor (n) de piatră	[to'por din 'pjatrə]
oorlog voeren (ww)	a lupta	[a lup'ta]
temmen (bijv. wolf ~)	a domestici	[a domesti'tʃi]

idool (het)	idol (m)	['idol]
aanbidden (ww)	a se închina	[a se ɨnki'na]
bijgeloof (het)	superstiție (f)	[supers'titsie]

evolutie (de)	evoluție (f)	[evo'lutsie]
ontwikkeling (de)	dezvoltare (f)	[dezvol'tare]
verdwijning (de)	dispariție (f)	[dispa'ritsie]
zich aanpassen (ww)	a se acomoda	[a se akomo'da]

archeologie (de)	arheologie (f)	[arheolo'dʒie]
archeoloog (de)	arheolog (m)	[arheo'log]
archeologisch (bn)	arheologic	[arheo'lodʒik]

opgravingsplaats (de)	săpături (f pl)	[səpə'turiʲ]
opgravingen (mv.)	săpături (f pl)	[səpə'turiʲ]
vondst (de)	descoperire (f)	[deskope'rire]
fragment (het)	fragment (n)	[frag'ment]

158. Middeleeuwen

volk (het)	popor (n)	[po'por]
volkeren (mv.)	popoare (n pl)	[popo'are]
stam (de)	trib (n)	[trib]
stammen (mv.)	triburi (n pl)	['triburiʲ]

barbaren (mv.)	barbari (m pl)	[bar'bariʲ]
Galliërs (mv.)	gali (m pl)	[galiʲ]
Goten (mv.)	goți (m pl)	[gotsiʲ]
Slaven (mv.)	slavi (m pl)	[slaviʲ]
Vikings (mv.)	vikingi (m pl)	['vikindʒiʲ]

| Romeinen (mv.) | romani (m pl) | [ro'maniʲ] |
| Romeins (bn) | roman | [ro'man] |

Byzantijnen (mv.)	bizantinieni (m pl)	[bizantini'eniʲ]
Byzantium (het)	Imperiul (n) Bizantin	[im'perjul bizan'tin]
Byzantijns (bn)	bizantin	[bizan'tin]

keizer (bijv. Romeinse ~)	împărat (m)	[ɨmpə'rat]
opperhoofd (het)	căpetenie (f)	[kəpe'tenie]
machtig (bn)	puternic	[pu'ternik]
koning (de)	rege (m)	['redʒe]
heerser (de)	conducător (m)	[kondukə'tor]
ridder (de)	cavaler (m)	[kava'ler]
feodaal (de)	feudal (m)	[feu'dal]

| feodaal (bn) | feudal | ['feu'dal] |
| vazal (de) | vasal (m) | [va'sal] |

hertog (de)	duce (m)	['dutʃe]
graaf (de)	conte (m)	['konte]
baron (de)	baron (m)	[ba'ron]
bisschop (de)	episcop (m)	[e'piskop]

harnas (het)	armură (f)	[ar'murə]
schild (het)	scut (n)	[skut]
zwaard (het)	sabie (f)	['sabie]
vizier (het)	vizieră (f)	[vi'zjerə]
maliënkolder (de)	zale (f pl)	['zale]

| kruistocht (de) | cruciadă (f) | [krutʃi'adə] |
| kruisvaarder (de) | cruciat (m) | [krutʃi'at] |

gebied (bijv. bezette ~en)	teritoriu (n)	[teri'torju]
aanvallen (binnenvallen)	a ataca	[a ata'ka]
veroveren (ww)	a cuceri	[a kutʃe'ri]
innemen (binnenvallen)	a cotropi	[a kotro'pi]

bezetting (de)	asediu (n)	[a'sedju]
belegerd (bn)	asediat (m)	[asedi'at]
belegeren (ww)	a asedia	[a asedi'a]

inquisitie (de)	inchiziție (f)	[inki'zitsie]
inquisiteur (de)	inchizitor (m)	[inkizi'tor]
foltering (de)	tortură (f)	[tor'turə]
wreed (bn)	crud	[krud]
ketter (de)	eretic (m)	[e'retik]
ketterij (de)	erezie (f)	[ere'zie]

zeevaart (de)	navigație (f) maritimă	[navi'gatsie ma'ritime]
piraat (de)	pirat (m)	[pi'rat]
piraterij (de)	piraterie (f)	[pirate'rie]
enteren (het)	abordaj (n)	[abor'daʒ]
buit (de)	captură (f)	[kap'turə]
schatten (mv.)	comoară (f)	[komo'are]

ontdekking (de)	descoperire (f)	[deskope'rire]
ontdekken (bijv. nieuw land)	a descoperi	[a deskope'ri]
expeditie (de)	expediție (f)	[ekspe'ditsie]

musketier (de)	mușchetar (m)	[muʃke'tar]
kardinaal (de)	cardinal (m)	[kardi'nal]
heraldiek (de)	heraldică (f)	[he'raldikə]
heraldisch (bn)	heraldic	[he'raldik]

159. Leider. Baas. Autoriteiten

koning (de)	rege (m)	['redʒe]
koningin (de)	regină (f)	[re'dʒine]
koninklijk (bn)	regal	[re'gal]

koninkrijk (het)	regat (n)	[re'gat]
prins (de)	prinţ (m)	[prints]
prinses (de)	prinţesă (f)	[prin'tsesə]

president (de)	preşedinte (m)	[preʃə'dinte]
vicepresident (de)	vice-preşedinte (m)	['vitʃe preʃə'dinte]
senator (de)	senator (m)	[sena'tor]

monarch (de)	monarh (m)	[mo'narh]
heerser (de)	conducător (m)	[kondukə'tor]
dictator (de)	dictator (m)	[dikta'tor]
tiran (de)	tiran (m)	[ti'ran]
magnaat (de)	magnat (m)	[mag'nat]

directeur (de)	director (m)	[di'rektor]
chef (de)	şef (m)	[ʃef]
beheerder (de)	manager (m)	['menedʒə]
baas (de)	boss (m)	[bos]
eigenaar (de)	patron (m)	[pa'tron]

hoofd (bijv. ~ van de delegatie)	şef (m)	[ʃef]
autoriteiten (mv.)	autorităţi (f pl)	[autoritətsʲ]
superieuren (mv.)	conducere (f)	[kon'dutʃere]

gouverneur (de)	guvernator (m)	[guverna'tor]
consul (de)	consul (m)	['konsul]
diplomaat (de)	diplomat (m)	[diplo'mat]
burgemeester (de)	primar (m)	[pri'mar]
sheriff (de)	şerif (m)	[ʃə'rif]

keizer (bijv. Romeinse ~)	împărat (m)	[impə'rat]
tsaar (de)	ţar (m)	[tsar]
farao (de)	faraon (m)	[fara'on]
kan (de)	han (m)	[han]

160. De wet overtreden. Criminelen. Deel 1

bandiet (de)	bandit (m)	[ban'dit]
misdaad (de)	crimă (f)	['krimə]
misdadiger (de)	criminal (m)	[krimi'nal]

dief (de)	hoţ (m)	[hots]
stelen (ww)	a fura	[a fu'ra]
stelen (de)	hoţie (f)	[ho'tsie]
diefstal (de)	furt (n)	[furt]

kidnappen (ww)	a răpi	[a rə'pi]
kidnapping (de)	răpire (f)	[rə'pire]
kidnapper (de)	răpitor (m)	[rəpi'tor]

losgeld (het)	răscumpărare (f)	[rəskumpə'rare]
eisen losgeld (ww)	a cere răscumpărare	[a 'tʃere rəskumpə'rare]
overvallen (ww)	a jefui	[a ʒefu'i]

| overval (de) | jaf (n) | [ʒaf] |
| overvaller (de) | jefuitor (m) | [ʒefui'tor] |

afpersen (ww)	a escroca	[a eskro'ka]
afperser (de)	escroc (m)	[es'krok]
afpersing (de)	escrocherie (f)	[eskroke'rie]
vermoorden (ww)	a ucide	[a u'tʃide]
moord (de)	asasinat (n)	[asasi'nat]
moordenaar (de)	asasin (m)	[asa'sin]

schot (het)	împușcătură (f)	[impuʃke'ture]
een schot lossen	a împușca	[a impuʃ'ka]
neerschieten (ww)	a împușca	[a impuʃ'ka]
schieten (ww)	a trage	[a 'tradʒe]
schieten (het)	focuri (n) de armă	['fokuri de 'arme]

ongeluk (gevecht, enz.)	întâmplare (f)	[intim'plare]
gevecht (het)	bătaie (f)	[be'tae]
slachtoffer (het)	jertfă (f)	['ʒertfe]

beschadigen (ww)	a prejudicia	[a preʒuditʃi'a]
schade (de)	daună (f)	['daune]
lijk (het)	cadavru (n)	[ka'davru]
zwaar (~ misdrijf)	grav	[grav]
aanvallen (ww)	a ataca	[a ata'ka]
slaan (iemand ~)	a bate	[a 'bate]
in elkaar slaan (toetakelen)	a snopi în bătăi	[a sno'pi in betej]
ontnemen (beroven)	a lua	[a lu'a]
steken (met een mes)	a înjunghia	[a inʒungi'ja]
verminken (ww)	a schilodi	[a skilo'di]
verwonden (ww)	a răni	[a re'ni]

chantage (de)	șantaj (n)	[ʃan'taʒ]
chanteren (ww)	a șantaja	[a ʃanta'ʒa]
chanteur (de)	șantajist (m)	[ʃanta'ʒist]

afpersing (de)	banditism (n)	[bandi'tizm]
afperser (de)	bandit (m)	[ban'dit]
gangster (de)	gangster (m)	['gangster]
maffia (de)	mafie (f)	['mafie]

kruimeldief (de)	hoț (m) de buzunare	[hots de buzu'nare]
inbreker (de)	spărgător (m)	[sperge'tor]
smokkelen (het)	contrabandă (f)	[kontra'bande]
smokkelaar (de)	contrabandist (m)	[kontraban'dist]

namaak (de)	falsificare (f)	[falsifi'kare]
namaken (ww)	a falsifica	[a falsifi'ka]
namaak-, vals (bn)	fals	[fals]

161. De wet overtreden. Criminelen. Deel 2

| verkrachting (de) | viol (n) | [vi'ol] |
| verkrachten (ww) | a viola | [a vio'la] |

verkrachter (de)	violator (m)	[viola'tor]
maniak (de)	maniac (m)	[mani'ak]
prostituee (de)	prostituată (f)	[prostitu'atə]
prostitutie (de)	prostituție (f)	[prosti'tutsie]
pooier (de)	proxenet (m)	[prokse'net]
drugsverslaafde (de)	narcoman (m)	[narko'man]
drugshandelaar (de)	vânzător (m) de droguri	[vinzə'tor de 'drogurı]
opblazen (ww)	a arunca în aer	[a arun'ka in 'aer]
explosie (de)	explozie (f)	[eks'plozie]
in brand steken (ww)	a incendia	[a intʃendi'a]
brandstichter (de)	incendiator (m)	[intʃendia'tor]
terrorisme (het)	terorism (n)	[tero'rism]
terrorist (de)	terorist (m)	[tero'rist]
gijzelaar (de)	ostatic (m)	[os'tatik]
bedriegen (ww)	a înşela	[a inʃə'la]
bedrog (het)	înşelăciune (f)	[inʃələ'tʃiune]
oplichter (de)	şarlatan (m)	[ʃarla'tan]
omkopen (ww)	a mitui	[a mitu'i]
omkoperij (de)	mituire (f)	[mitu'ire]
smeergeld (het)	mită (f)	['mitə]
vergif (het)	otravă (f)	[o'travə]
vergiftigen (ww)	a otrăvi	[a otrə'vi]
vergif innemen (ww)	a se otrăvi	[a se otrə'vi]
zelfmoord (de)	sinucidere (f)	[sinu'tʃidere]
zelfmoordenaar (de)	sinucigaş (m)	[sinutʃi'gaʃ]
bedreigen (bijv. met een pistool)	a ameninţa	[a amenin'tsa]
bedreiging (de)	ameninţare (f)	[amenin'tsare]
een aanslag plegen	a atenta la	[a aten'ta la]
aanslag (de)	atentat (n)	[aten'tat]
stelen (een auto)	a goni	[a go'ni]
kapen (een vliegtuig)	a goni	[a go'ni]
wraak (de)	răzbunare (f)	[rəzbu'nare]
wreken (ww)	a răzbuna	[a rəzbu'na]
martelen (gevangenen)	a tortura	[a tortu'ra]
foltering (de)	tortură (f)	[tor'turə]
folteren (ww)	a chinui	[a kinu'i]
piraat (de)	pirat (m)	[pi'rat]
straatschender (de)	huligan (m)	[huli'gan]
gewapend (bn)	înarmat	[inar'mat]
geweld (het)	violenţă (f)	[vio'lentsə]
spionage (de)	spionaj (n)	[spio'naʒ]
spioneren (ww)	a spiona	[a spio'na]

162. Politie. Wet. Deel 1

justitie (de)	justiție (f)	[ʒus'tiʦie]
gerechtshof (het)	curte (f)	['kurte]
rechter (de)	judecător (m)	[ʒudeke'tor]
jury (de)	jurați (m pl)	[ʒu'raʦi]
juryrechtspraak (de)	curte (f) de jurați	['kurte de ʒu'raʦi]
berechten (ww)	a judeca	[a ʒude'ka]
advocaat (de)	avocat (m)	[avo'kat]
beklaagde (de)	acuzat (m)	[aku'zat]
beklaagdenbank (de)	banca (f) acuzaților	['banka aku'zaʦilor]
beschuldiging (de)	învinuire (f)	[invinu'ire]
beschuldigde (de)	învinuit (m)	[invinu'it]
vonnis (het)	verdict (n)	[ver'dikt]
veroordelen	a condamna	[a kondam'na]
(in een rechtszaak)		
schuldige (de)	vinovat (m)	[vino'vat]
straffen (ww)	a pedepsi	[a pedep'si]
bestraffing (de)	pedeapsă (f)	[pe'dʲapsə]
boete (de)	amendă (f)	[a'mendə]
levenslange opsluiting (de)	închisoare (f) pe viață	[inkiso'are pe 'vjaʦə]
doodstraf (de)	pedeapsă (f) capitală	[pe'dʲapsə kapi'talə]
elektrische stoel (de)	scaun (n) electric	['skaun e'lektrik]
schavot (het)	spânzurătoare (f)	[spinzurəto'are]
executeren (ww)	a executa	[a egzeku'ta]
executie (de)	execuție (f)	[egze'kuʦie]
gevangenis (de)	închisoare (f)	[inkiso'are]
cel (de)	cameră (f)	['kamerə]
konvooi (het)	convoi (n)	[kon'voj]
gevangenisbewaker (de)	paznic (m)	['paznik]
gedetineerde (de)	arestat (m)	[ares'tat]
handboeien (mv.)	cătușe (f pl)	[kə'tuʃe]
handboeien omdoen	a pune cătușele	[a 'pune kə'tuʃele]
ontsnapping (de)	evadare (f)	[eva'dare]
ontsnappen (ww)	a evada	[a eva'da]
verdwijnen (ww)	a dispărea	[a dispə'rʲa]
vrijlaten (uit de gevangenis)	a elibera	[a elibe'ra]
amnestie (de)	amnistie (f)	[am'nistie]
politie (de)	poliție (f)	[po'liʦie]
politieagent (de)	polițist (m)	[poli'ʦist]
politiebureau (het)	secție (f) de poliție	['sekʦie de po'liʦie]
knuppel (de)	baston (n) de cauciuc	[bas'ton de kau'ʧiuk]
megafoon (de)	portavoce (f)	[porta'voʧe]

151

patrouilleerwagen (de)	maşină (f) de patrulă	[ma'ʃine de pa'trule]
sirene (de)	sirenă (f)	[si'rene]
de sirene aansteken	a conecta sirena	[a konek'ta si'rena]
geloei (het) van de sirene	alarma (f) sirenei	[a'larma si'renej]

plaats delict (de)	locul (n) faptei	['lokul 'faptej]
getuige (de)	martor (m)	['martor]
vrijheid (de)	libertate (f)	[liber'tate]
handlanger (de)	complice (m)	[kom'pliʧe]
ontvluchten (ww)	a se ascunde	[a se as'kunde]
spoor (het)	urmă (f)	['urme]

163. Politie. Wet. Deel 2

opsporing (de)	investigaţie (f)	[investi'gaʦie]
opsporen (ww)	a căuta	[a keu'ta]
verdenking (de)	suspiciune (f)	[suspiʧi'une]
verdacht (bn)	suspect	[sus'pekt]
aanhouden (stoppen)	a opri	[a op'ri]
tegenhouden (ww)	a reţine	[a re'ʦine]

strafzaak (de)	dosar (n)	[do'sar]
onderzoek (het)	anchetă (f)	[an'kete]
detective (de)	detectiv (m)	[detek'tiv]
onderzoeksrechter (de)	anchetator (m)	[anketa'tor]
versie (de)	versiune (f)	[versi'une]

motief (het)	motiv (n)	[mo'tiv]
verhoor (het)	interogatoriu (n)	[interoga'torju]
ondervragen (door de politie)	a interoga	[a intero'ga]
ondervragen (omstanders ~)	a audia	[a audi'a]
controle (de)	verificare (f)	[verifi'kare]

razzia (de)	razie (f)	['razie]
huiszoeking (de)	percheziţie (f)	[perke'zitsie]
achtervolging (de)	urmărire (f)	[urme'rire]
achtervolgen (ww)	a urmări	[a urme'ri]
opsporen (ww)	a urmări	[a urme'ri]

arrest (het)	arestare (f)	[ares'tare]
arresteren (ww)	a aresta	[a ares'ta]
vangen, aanhouden (een dief, enz.)	a prinde	[a 'prinde]
aanhouding (de)	prindere (f)	['prindere]

document (het)	act (n)	[akt]
bewijs (het)	dovadă (f)	[do'vade]
bewijzen (ww)	a dovedi	[a dove'di]
voetspoor (het)	amprentă (f)	[am'prente]
vingerafdrukken (mv.)	amprente (f pl) digitale	[am'prente diʤi'tale]
bewijs (het)	probă (f)	['probe]

alibi (het)	alibi (n)	['alibi]
onschuldig (bn)	nevinovat (m)	[nevino'vat]

onrecht (het)	**nedreptate** (f)	[nedrep'tate]
onrechtvaardig (bn)	**nedrept**	[ne'drept]
crimineel (bn)	**criminal** (m)	[krimi'nal]
confisqueren	**a confisca**	[a konfis'ka]
(in beslag nemen)		
drug (de)	**narcotic** (n)	[nar'kotik]
wapen (het)	**armă** (f)	['armə]
ontwapenen (ww)	**a dezarma**	[a dezar'ma]
bevelen (ww)	**a ordona**	[a ordo'na]
verdwijnen (ww)	**a dispărea**	[a dispe'rʲa]
wet (de)	**lege** (f)	['ledʒe]
wettelijk (bn)	**legal**	[le'gal]
onwettelijk (bn)	**ilegal**	[ile'gal]
verantwoordelijkheid (de)	**responsabilitate** (f)	[responsabili'tate]
verantwoordelijk (bn)	**responsabil**	[respon'sabil]

NATUUR

De Aarde. Deel 1

164. De kosmische ruimte

kosmos (de)	cosmos (n)	['kosmos]
kosmisch (bn)	cosmic	['kosmik]
kosmische ruimte (de)	spațiu (n) cosmic	['spatsju 'kosmik]
sterrenstelsel (het)	galaxie (f)	[galak'sie]
ster (de)	stea (f)	[st'a]
sterrenbeeld (het)	constelație (f)	[konste'latsie]
planeet (de)	planetă (f)	[pla'netə]
satelliet (de)	satelit (m)	[sate'lit]
meteoriet (de)	meteorit (m)	[meteo'rit]
komeet (de)	cometă (f)	[ko'metə]
asteroïde (de)	asteroid (m)	[astero'id]
baan (de)	orbită (f)	[or'bitə]
draaien (om de zon, enz.)	a se roti	[a se ro'ti]
atmosfeer (de)	atmosferă (f)	[atmos'ferə]
Zon (de)	soare (n)	[so'are]
zonnestelsel (het)	sistem (n) solar	[sis'tem so'lar]
zonsverduistering (de)	eclipsă (f) de soare	[ek'lipsə de so'are]
Aarde (de)	Pământ (n)	[pə'mint]
Maan (de)	Lună (f)	['lunə]
Mars (de)	Marte (m)	['marte]
Venus (de)	Venus (f)	['venus]
Jupiter (de)	Jupiter (m)	['ʒupiter]
Saturnus (de)	Saturn (m)	[sa'turn]
Mercurius (de)	Mercur (m)	[mer'kur]
Uranus (de)	Uranus (m)	[u'ranus]
Neptunus (de)	Neptun (m)	[nep'tun]
Pluto (de)	Pluto (m)	['pluto]
Melkweg (de)	Calea (f) Lactee	['kalʲa lak'tee]
Grote Beer (de)	Ursa (f) mare	['ursa 'mare]
Poolster (de)	Steaua (f) polară	['stʲawa po'larə]
marsmannetje (het)	marțian (m)	[martsi'an]
buitenaards wezen (het)	extraterestru (m)	[ekstrate'restru]
bovenaards (het)	extraterestru (m)	[ekstrate'restru]

vliegende schotel (de)	farfurie (f) zburătoare	[farfu'rie zbureto'are]
ruimtevaartuig (het)	navă (f) spaţială	['nave spatsi'ale]
ruimtestation (het)	staţie (f) orbitală	['statsie orbi'tale]
start (de)	start (n)	[start]
motor (de)	motor (n)	[mo'tor]
straalpijp (de)	ajutaj (n)	[aʒu'taʒ]
brandstof (de)	combustibil (m)	[kombus'tibil]
cabine (de)	cabină (f)	[ka'bine]
antenne (de)	antenă (f)	[an'tene]
patrijspoort (de)	hublou (n)	[hu'blou]
zonnebatterij (de)	baterie (f) solară	[bate'rie so'lare]
ruimtepak (het)	scafandru (m)	[ska'fandru]
gewichtloosheid (de)	imponderabilitate (f)	[imponderabili'tate]
zuurstof (de)	oxigen (n)	[oksi'dʒen]
koppeling (de)	unire (f)	[u'nire]
koppeling maken	a uni	[a u'ni]
observatorium (het)	observator (n) astronomic	[observa'tor astro'nomik]
telescoop (de)	telescop (n)	[tele'skop]
waarnemen (ww)	a observa	[a obser'va]
exploreren (ww)	a cerceta	[a tʃertʃe'ta]

165. De Aarde

Aarde (de)	Pământ (n)	[pe'mɨnt]
aardbol (de)	globul (n) pământesc	['globul pemɨn'tesk]
planeet (de)	planetă (f)	[pla'nete]
atmosfeer (de)	atmosferă (f)	[atmos'fere]
aardrijkskunde (de)	geografie (f)	[dʒeogra'fie]
natuur (de)	natură (f)	[na'ture]
wereldbol (de)	glob (n)	[glob]
kaart (de)	hartă (f)	['harte]
atlas (de)	atlas (n)	[at'las]
Europa (het)	Europa (f)	[eu'ropa]
Azië (het)	Asia (f)	['asia]
Afrika (het)	Africa (f)	['afrika]
Australië (het)	Australia (f)	[au'stralia]
Amerika (het)	America (f)	[a'merika]
Noord-Amerika (het)	America (f) de Nord	[a'merika de nord]
Zuid-Amerika (het)	America (f) de Sud	[a'merika de sud]
Antarctica (het)	Antarctida (f)	[antark'tida]
Arctis (de)	Arctica (f)	['arktika]

166. Windrichtingen

noorden (het)	nord (n)	[nord]
naar het noorden	la nord	[la nord]
in het noorden	la nord	[la nord]
noordelijk (bn)	de nord	[de nord]
zuiden (het)	sud (n)	[sud]
naar het zuiden	la sud	[la sud]
in het zuiden	la sud	[la sud]
zuidelijk (bn)	de sud	[de sud]
westen (het)	vest (n)	[vest]
naar het westen	la vest	[la vest]
in het westen	la vest	[la vest]
westelijk (bn)	de vest	[de vest]
oosten (het)	est (n)	[est]
naar het oosten	la est	[la est]
in het oosten	la est	[la est]
oostelijk (bn)	de est	[de est]

167. Zee. Oceaan

zee (de)	mare (f)	['mare]
oceaan (de)	ocean (n)	[otʃə'an]
golf (baai)	golf (n)	[golf]
straat (de)	strâmtoare (f)	[strimto'are]
continent (het)	continent (n)	[konti'nent]
eiland (het)	insulă (f)	['insulə]
schiereiland (het)	peninsulă (f)	[pe'ninsulə]
archipel (de)	arhipelag (n)	[arhipe'lag]
baai, bocht (de)	golf (n)	[golf]
haven (de)	port (n)	[port]
lagune (de)	lagună (f)	[la'gunə]
kaap (de)	cap (n)	[kap]
atol (de)	atol (m)	[a'tol]
rif (het)	recif (m)	[re'ʧif]
koraal (het)	coral (m)	[ko'ral]
koraalrif (het)	recif (m) de corali	[re'ʧif de ko'ralʲ]
diep (bn)	adânc	[a'dɨnk]
diepte (de)	adâncime (f)	[adin'ʧime]
diepzee (de)	abis (n)	[a'bis]
trog (bijv. Marianentrog)	groapă (f)	[gro'apə]
stroming (de)	curent (n)	[ku'rent]
omspoelen (ww)	a spăla	[a spə'la]
oever (de)	mal (n)	[mal]
kust (de)	litoral (n)	[lito'ral]

vloed (de)	flux (n)	[fluks]
eb (de)	reflux (n)	[re'fluks]
ondiepte (ondiep water)	banc (n) de nisip	[bank de ni'sip]
bodem (de)	fund (n)	[fund]
golf (hoge ~)	val (n)	[val]
golfkam (de)	creasta (f) valului	['kr'asta 'valuluj]
schuim (het)	spumă (f)	['spumə]
orkaan (de)	uragan (m)	[ura'gan]
tsunami (de)	tsunami (n)	[tsu'nami]
windstilte (de)	timp (n) calm	[timp kalm]
kalm (bijv. ~e zee)	liniştit	[liniʃ'tit]
pool (de)	pol (n)	[pol]
polair (bn)	polar	[po'lar]
breedtegraad (de)	longitudine (f)	[londʒi'tudine]
lengtegraad (de)	latitudine (f)	[lati'tudine]
parallel (de)	paralelă (f)	[para'lelə]
evenaar (de)	ecuator (n)	[ekua'tor]
hemel (de)	cer (n)	[tʃer]
horizon (de)	orizont (n)	[ori'zont]
lucht (de)	aer (n)	['aer]
vuurtoren (de)	far (n)	[far]
duiken (ww)	a se scufunda	[a se skufun'da]
zinken (ov. een boot)	a se duce la fund	[a se dutʃə l'a fund]
schatten (mv.)	comoară (f)	[komo'arə]

168. Bergen

berg (de)	munte (m)	['munte]
bergketen (de)	lanţ (n) muntos	[lants mun'tos]
gebergte (het)	lanţ (n) de munţi	[lants de munts]
bergtop (de)	vârf (n)	[virf]
bergpiek (de)	culme (f)	['kulmə]
voet (ov. de berg)	poale (f pl)	[po'ale]
helling (de)	pantă (f)	['pantə]
vulkaan (de)	vulcan (n)	[vul'kan]
actieve vulkaan (de)	vulcan (n) activ	[vul'kan ak'tiv]
uitgedoofde vulkaan (de)	vulcan (n) stins	[vul'kan stins]
uitbarsting (de)	erupţie (f)	[e'ruptsie]
krater (de)	crater (n)	['krater]
magma (het)	magmă (f)	['magmə]
lava (de)	lavă (f)	['lavə]
gloeiend (~e lava)	încins	[ɨn'tʃins]
kloof (canyon)	canion (n)	[kani'on]
bergkloof (de)	defileu (n)	[defi'leu]

157

spleet (de)	pas (n)	[pas]
bergpas (de)	trecătoare (f)	[trekəto'are]
plateau (het)	podiş (n)	[po'diʃ]
klip (de)	stâncă (f)	['stɨnkə]
heuvel (de)	deal (n)	['dʲal]

gletsjer (de)	gheţar (m)	[ge'tsar]
waterval (de)	cascadă (f)	[kas'kadə]
geiser (de)	gheizer (m)	['gejzer]
meer (het)	lac (n)	[lak]

vlakte (de)	şes (n)	[ʃəs]
landschap (het)	peisaj (n)	[pej'saʒ]
echo (de)	ecou (n)	[e'kou]

alpinist (de)	alpinist (m)	[alpi'nist]
bergbeklimmer (de)	căţărător (m)	[kətsərə'tor]
trotseren (berg ~)	a cuceri	[a kutʃe'ri]
beklimming (de)	ascensiune (f)	[astʃensi'une]

169. Rivieren

rivier (de)	râu (n)	['rɨu]
bron (~ van een rivier)	izvor (n)	[iz'vor]
rivierbedding (de)	matcă (f)	['matkə]
rivierbekken (het)	bazin (n)	[ba'zin]
uitmonden in ...	a se vărsa	[a se vər'sa]

| zijrivier (de) | afluent (m) | [aflu'ent] |
| oever (de) | mal (n) | [mal] |

stroming (de)	curs (n)	[kurs]
stroomafwaarts (bw)	în josul apei	[ɨn 'ʒosul 'apej]
stroomopwaarts (bw)	în susul apei	[ɨn 'susul 'apej]

overstroming (de)	inundaţie (f)	[inun'datsie]
overstroming (de)	revărsare (f) a apelor	[revər'sare a 'apelor]
buiten zijn oevers treden	a se revărsa	[a se revər'sa]
overstromen (ww)	a inunda	[a inun'da]

| zandbank (de) | banc (n) de nisip | [bank de ni'sip] |
| stroomversnelling (de) | prag (n) | [prag] |

dam (de)	baraj (n)	[ba'raʒ]
kanaal (het)	canal (n)	[ka'nal]
spaarbekken (het)	bazin (n)	[ba'zin]
sluis (de)	ecluză (f)	[e'kluzə]

waterlichaam (het)	bazin (n)	[ba'zin]
moeras (het)	mlaştină (f)	['mlaʃtinə]
broek (het)	mlaştină (f), smârc (n)	['mlaʃtinə], [smɨrk]
draaikolk (de)	vârtej (n) de apă	[vɨr'teʒ de 'apə]
stroom (de)	pârâu (n)	[pɨ'rɨu]
drink- (abn)	potabil	[po'tabil]

zoet (~ water)	nesărat	[nesə'rat]
ijs (het)	gheaţă (f)	['gʲatsə]
bevriezen (rivier, enz.)	a îngheţa	[a inge'tsa]

170. Bos

| bos (het) | pădure (f) | [pə'dure] |
| bos- (abn) | de pădure | [de pə'dure] |

oerwoud (dicht bos)	desiş (n)	[de'siʃ]
bosje (klein bos)	pădurice (f)	[pədu'ritʃe]
open plek (de)	poiană (f)	[po'janə]

| struikgewas (het) | tufiş (n) | [tu'fiʃ] |
| struiken (mv.) | arbust (m) | [ar'bust] |

| paadje (het) | cărare (f) | [kə'rare] |
| ravijn (het) | râpă (f) | ['ripə] |

boom (de)	copac (m)	[ko'pak]
blad (het)	frunză (f)	['frunzə]
gebladerte (het)	frunziş (n)	[frun'ziʃ]

vallende bladeren (mv.)	cădere (f) a frunzelor	[kə'dere a 'frunzelor]
vallen (ov. de bladeren)	a cădea	[a kə'dʲa]
boomtop (de)	vârf (n)	[virf]

tak (de)	ramură (f)	['ramurə]
ent (de)	creangă (f)	['krʲangə]
knop (de)	mugur (m)	['mugur]
naald (de)	ac (n)	[ak]
dennenappel (de)	con (n)	[kon]

boom holte (de)	scorbură (f)	['skorburə]
nest (het)	cuib (n)	[kujb]
hol (het)	vizuină (f)	[vizu'inə]

stam (de)	trunchi (n)	[trunkʲ]
wortel (bijv. boom~s)	rădăcină (f)	[rədə'tʃinə]
schors (de)	scoarţă (f)	[sko'artsə]
mos (het)	muşchi (m)	[muʃkʲ]

ontwortelen (een boom)	a defrişa	[a defri'ʃa]
kappen (een boom ~)	a tăia	[a tə'ja]
ontbossen (ww)	a doborî	[a dobo'ri]
stronk (de)	buturugă (f)	[butu'rugə]

kampvuur (het)	foc (n)	[fok]
bosbrand (de)	incendiu (n)	[in'tʃendju]
blussen (ww)	a stinge	[a 'stindʒe]
boswachter (de)	pădurar (m)	[pədu'rar]
bescherming (de)	protecţie (f)	[pro'tektsie]
beschermen	a ocroti	[a okro'ti]
(bijv. de natuur ~)		

| stroper (de) | braconier (m) | [brako'njer] |
| val (de) | capcană (f) | [kap'kanə] |

| plukken (vruchten, enz.) | a strânge | [a 'strindʒe] |
| verdwalen (de weg kwijt zijn) | a se rătăci | [a se rətə'tʃi] |

171. Natuurlijke hulpbronnen

natuurlijke rijkdommen (mv.)	resurse (f pl) naturale	[re'surse natu'rale]
delfstoffen (mv.)	bogății (f pl) minerale	[bogə'tsij mine'rale]
lagen (mv.)	depozite (n pl)	[de'pozite]
veld (bijv. olie~)	zăcământ (n)	[zəkə'mint]

winnen (uit erts ~)	a extrage	[a eks'tradʒe]
winning (de)	obținere (f)	[ob'tsinere]
erts (het)	minereu (n)	[mine'reu]
mijn (bijv. kolenmijn)	mină (f)	['minə]
mijnschacht (de)	puț (n)	['puts]
mijnwerker (de)	miner (m)	[mi'ner]

| gas (het) | gaz (n) | [gaz] |
| gasleiding (de) | conductă (f) de gaze | [kon'duktə de 'gaze] |

olie (aardolie)	petrol (n)	[pe'trol]
olieleiding (de)	conductă (f) de petrol	[kon'duktə de pe'trol]
oliebron (de)	sondă (f) de țiței (n)	['sondə de tsi'tsej]
boortoren (de)	turlă (f) de foraj	['turlə de fo'raʒ]
tanker (de)	tanc (n) petrolier	['tank petro'ljer]

zand (het)	nisip (n)	[ni'sip]
kalksteen (de)	calcar (n)	[kal'kar]
grind (het)	pietriș (n)	[pe'triʃ]
veen (het)	turbă (f)	['turbə]
klei (de)	argilă (f)	[ar'dʒilə]
steenkool (de)	cărbune (m)	[kər'bune]

ijzer (het)	fier (m)	[fier]
goud (het)	aur (n)	['aur]
zilver (het)	argint (n)	[ar'dʒint]
nikkel (het)	nichel (n)	['nikel]
koper (het)	cupru (n)	['kupru]

zink (het)	zinc (n)	[zink]
mangaan (het)	mangan (n)	[man'gan]
kwik (het)	mercur (n)	[mer'kur]
lood (het)	plumb (n)	[plumb]

mineraal (het)	mineral (n)	[mine'ral]
kristal (het)	cristal (n)	[kris'tal]
marmer (het)	marmură (f)	['marmurə]
uraan (het)	uraniu (n)	[u'ranju]

De Aarde. Deel 2

172. Weer

weer (het)	timp (n)	[timp]
weersvoorspelling (de)	prognoză (f) meteo	[prog'nozə 'meteo]
temperatuur (de)	temperatură (f)	[tempera'turə]
thermometer (de)	termometru (n)	[termo'metru]
barometer (de)	barometru (n)	[baro'metru]
vochtigheid (de)	umiditate (f)	[umidi'tate]
hitte (de)	caniculă (f)	[ka'nikulə]
heet (bn)	fierbinte	[fier'binte]
het is heet	e foarte cald	[e fo'arte kald]
het is warm	e cald	[e kald]
warm (bn)	cald	[kald]
het is koud	e frig	[e frig]
koud (bn)	rece	['reʧe]
zon (de)	soare (n)	[so'are]
schijnen (de zon)	a străluci	[a strəlu'ʧi]
zonnig (~e dag)	însorit	[ɨnso'rit]
opgaan (ov. de zon)	a răsări	[a rəsə'ri]
ondergaan (ww)	a apune	[a a'pune]
wolk (de)	nor (m)	[nor]
bewolkt (bn)	înnorat	[ɨnno'rat]
regenwolk (de)	nor (m)	[nor]
somber (bn)	mohorât	[moho'rɨt]
regen (de)	ploaie (f)	[plo'ae]
het regent	plouă	['plowə]
regenachtig (bn)	ploios	[plo'jos]
motregenen (ww)	a bura	[a bu'ra]
plensbui (de)	ploaie (f) torenţială	[plo'ae toren'tsjalə]
stortbui (de)	rupere (f) de nori	['rupere de 'norʲ]
hard (bn)	puternic	[pu'ternik]
plas (de)	băltoacă (f)	[bəlto'akə]
nat worden (ww)	a se uda	[a se u'da]
mist (de)	ceaţă (f)	['ʧatsə]
mistig (bn)	ceţos	[ʧe'tsos]
sneeuw (de)	zăpadă (f)	[zə'padə]
het sneeuwt	ninge	['nindʒe]

173. Zwaar weer. Natuurrampen

noodweer (storm)	**furtună** (f)	[fur'tunə]
bliksem (de)	**fulger** (n)	['fuldʒer]
flitsen (ww)	**a fulgera**	[a fuldʒe'ra]
donder (de)	**tunet** (n)	['tunet]
donderen (ww)	**a tuna**	[a tu'na]
het dondert	**tună**	['tunə]
hagel (de)	**grindină** (f)	[grin'dinə]
het hagelt	**plouă cu gheață**	['plowə ku 'gʲatsə]
overstromen (ww)	**a inunda**	[a inun'da]
overstroming (de)	**inundație** (f)	[inun'datsie]
aardbeving (de)	**cutremur** (n)	[ku'tremur]
aardschok (de)	**zguduire** (f)	[zgudu'ire]
epicentrum (het)	**epicentru** (m)	[epi'tʃentru]
uitbarsting (de)	**erupție** (f)	[e'ruptsie]
lava (de)	**lavă** (f)	['lavə]
wervelwind (de)	**vârtej** (n)	[vir'teʒ]
windhoos (de)	**tornadă** (f)	[tor'nadə]
tyfoon (de)	**taifun** (n)	[taj'fun]
orkaan (de)	**uragan** (m)	[ura'gan]
storm (de)	**furtună** (f)	[fur'tunə]
tsunami (de)	**tsunami** (n)	[tsu'nami]
cycloon (de)	**ciclon** (m)	[tʃi'klon]
onweer (het)	**vreme** (f) **rea**	['vreme rʲa]
brand (de)	**incendiu** (n)	[in'tʃendju]
ramp (de)	**catastrofă** (f)	[katas'trofə]
meteoriet (de)	**meteorit** (m)	[meteo'rit]
lawine (de)	**avalanşă** (f)	[ava'lanʃə]
sneeuwverschuiving (de)	**prăbuşire** (f)	[prəbu'ʃire]
sneeuwjacht (de)	**viscol** (n)	['viskol]
sneeuwstorm (de)	**viscol** (n)	['viskol]

Fauna

174. Zoogdieren. Roofdieren

roofdier (het)	prădător (n)	[prədə'tor]
tijger (de)	tigru (m)	['tigru]
leeuw (de)	leu (m)	['leu]
wolf (de)	lup (m)	[lup]
vos (de)	vulpe (f)	['vulpe]
jaguar (de)	jaguar (m)	[ʒagu'ar]
luipaard (de)	leopard (m)	[leo'pard]
jachtluipaard (de)	ghepard (m)	[ge'pard]
panter (de)	panteră (f)	[pan'terə]
poema (de)	pumă (f)	['pumə]
sneeuwluipaard (de)	ghepard (m)	[ge'pard]
lynx (de)	râs (m)	[ris]
coyote (de)	coiot (m)	[ko'jot]
jakhals (de)	şacal (m)	[ʃa'kal]
hyena (de)	hienă (f)	[hi'enə]

175. Wilde dieren

dier (het)	animal (n)	[ani'mal]
beest (het)	animal (n) sălbatic	[ani'mal səl'batik]
eekhoorn (de)	veveriţă (f)	[veve'riʦə]
egel (de)	arici (m)	[a'riʧi]
haas (de)	iepure (m)	['jepure]
konijn (het)	iepure (m) de casă	['jepure de 'kasə]
das (de)	bursuc (m)	[bur'suk]
wasbeer (de)	enot (m)	[e'not]
hamster (de)	hârciog (m)	[hir'ʧiog]
marmot (de)	marmotă (f)	[mar'motə]
mol (de)	cârtiţă (f)	['kirtiʦə]
muis (de)	şoarece (m)	[ʃo'areʧe]
rat (de)	şobolan (m)	[ʃobo'lan]
vleermuis (de)	liliac (m)	[lili'ak]
hermelijn (de)	hermină (f)	[her'minə]
sabeldier (het)	samur (m)	[sa'mur]
marter (de)	jder (m)	[ʒder]
wezel (de)	nevăstuică (f)	[nevəs'tujkə]
nerts (de)	nurcă (f)	['nurkə]

bever (de)	castor (m)	['kastor]
otter (de)	vidră (f)	['vidrə]

paard (het)	cal (m)	[kal]
eland (de)	elan (m)	[e'lan]
hert (het)	cerb (m)	[ʧerb]
kameel (de)	cămilă (f)	[kə'milə]

bizon (de)	bizon (m)	[bi'zon]
wisent (de)	zimbru (m)	['zimbru]
buffel (de)	bivol (m)	['bivol]

zebra (de)	zebră (f)	['zebrə]
antilope (de)	antilopă (f)	[anti'lopə]
ree (de)	căprioară (f)	[kəprio'arə]
damhert (het)	ciută (f)	['ʧiutə]
gems (de)	capră (f) neagră	['kaprə 'nʲagrə]
everzwijn (het)	mistreț (m)	[mis'treʦ]

walvis (de)	balenă (f)	[ba'lenə]
rob (de)	focă (f)	['fokə]
walrus (de)	morsă (f)	['morsə]
zeebeer (de)	urs (m) de mare	[urs de 'mare]
dolfijn (de)	delfin (m)	[del'fin]

beer (de)	urs (m)	[urs]
ijsbeer (de)	urs (m) polar	[urs po'lar]
panda (de)	panda (m)	['panda]

aap (de)	maimuță (f)	[maj'muʦə]
chimpansee (de)	cimpanzeu (m)	[ʧimpan'zeu]
orang-oetan (de)	urangutan (m)	[urangu'tan]
gorilla (de)	gorilă (f)	[go'rilə]
makaak (de)	macac (m)	[ma'kak]
gibbon (de)	gibon (m)	[dʒi'bon]

olifant (de)	elefant (m)	[ele'fant]
neushoorn (de)	rinocer (m)	[rino'ʧer]
giraffe (de)	girafă (f)	[dʒi'rafə]
nijlpaard (het)	hipopotam (m)	[hipopo'tam]

kangoeroe (de)	cangur (m)	['kangur]
koala (de)	koala (f)	[ko'ala]

mangoest (de)	mangustă (f)	[man'gustə]
chinchilla (de)	şinşilă (f)	[ʃin'ʃilə]
stinkdier (het)	sconcs (m)	[skonks]
stekelvarken (het)	porc (m) spinos	[pork spi'nos]

176. Huisdieren

poes (de)	pisică (f)	[pi'sikə]
kater (de)	motan (m)	[mo'tan]
paard (het)	cal (m)	[kal]

| hengst (de) | armăsar (m) | [armə'sar] |
| merrie (de) | iapă (f) | ['japə] |

koe (de)	vacă (f)	['vakə]
bul, stier (de)	taur (m)	['taur]
os (de)	bou (m)	['bou]

schaap (het)	oaie (f)	[o'ae]
ram (de)	berbec (m)	[ber'bek]
geit (de)	capră (f)	['kaprə]
bok (de)	ţap (m)	[tsap]

| ezel (de) | măgar (m) | [mə'gar] |
| muilezel (de) | catâr (m) | [ka'tɨr] |

varken (het)	porc (m)	[pork]
biggetje (het)	purcel (m)	[pur'ʧel]
konijn (het)	iepure (m) de casă	['jepure de 'kasə]

| kip (de) | găină (f) | [gə'inə] |
| haan (de) | cocoş (m) | [ko'koʃ] |

eend (de)	raţă (f)	['ratsə]
woerd (de)	răţoi (m)	[rə'tsoj]
gans (de)	gâscă (f)	['gɨskə]

| kalkoen haan (de) | curcan (m) | [kur'kan] |
| kalkoen (de) | curcă (f) | ['kurkə] |

huisdieren (mv.)	animale (n pl) domestice	[ani'male do'mestiʧe]
tam (bijv. hamster)	domestic	[do'mestik]
temmen (tam maken)	a domestici	[a domesti'ʧi]
fokken (bijv. paarden ~)	a creşte	[a 'kreʃte]

boerderij (de)	fermă (f)	['fermə]
gevogelte (het)	păsări (f pl) de curte	[pəsərʲ de 'kurte]
rundvee (het)	vite (f pl)	['vite]
kudde (de)	turmă (f)	['turmə]

paardenstal (de)	grajd (n)	[graʒd]
zwijnenstal (de)	cocină (f) de porci	[ko'ʧinə de 'porʧi]
koeienstal (de)	grajd (n) pentru vaci	['graʒd 'pentru 'vaʧi]
konijnenhok (het)	cuşcă (f) pentru iepuri	['kuʃke 'pentru 'epurʲ]
kippenhok (het)	coteţ (n) de găini	[ko'tets de gə'inʲ]

177. Honden. Hondenrassen

hond (de)	câine (m)	['kɨne]
herdershond (de)	câine (m) ciobănesc	['kɨne ʧiobə'nesk]
poedel (de)	pudel (m)	[pu'del]
teckel (de)	teckel (m)	['tekel]

| buldog (de) | buldog (m) | [bul'dog] |
| boxer (de) | boxer (m) | [bok'ser] |

mastiff (de)	mastif (m)	[mas'tif]
rottweiler (de)	rottweiler (m)	[rot'wejler]
doberman (de)	doberman (m)	[dober'man]

basset (de)	basset (m)	[ba'set]
bobtail (de)	bobtail (m)	[bob'tejl]
dalmatièr (de)	dalmaţian (m)	[dalmatsi'an]
cockerspaniël (de)	cocker spaniel (m)	['koker spani'el]

| Newfoundlander (de) | newfoundland (m) | [nju'faundlend] |
| sint-bernard (de) | sentbernar (m) | [senber'nar] |

husky (de)	huski (m)	['haski]
chowchow (de)	chow chow (m)	['tʃau 'tʃau]
spits (de)	spitz (m)	[ʃpits]
mopshond (de)	mops (m)	[mops]

178. Dierengeluiden

geblaf (het)	lătrat (n)	[lə'trat]
blaffen (ww)	a lătra	[a lə'tra]
miauwen (ww)	a mieuna	[a meu'na]
spinnen (katten)	a toarce	[a to'artʃe]

loeien (ov. een koe)	a mugi	[a mu'dʒi]
brullen (stier)	a rage	[a 'radʒe]
grommen (ov. de honden)	a mârâi	[a mɨri'i]

gehuil (het)	urlet (n)	['urlet]
huilen (wolf, enz.)	a urla	[a ur'la]
janken (ov. een hond)	a scheuna	[a skeu'na]

mekkeren (schapen)	a behăi	[a behə'i]
knorren (varkens)	a grohăi	[a grohə'i]
gillen (bijv. varken)	a ţipa	[a tsi'pa]

kwaken (kikvorsen)	a orăcăi	[a orəkə'i]
zoemen (hommel, enz.)	a bâzâi	[a bɨzɨ'i]
tjirpen (sprinkhanen)	a ţârâi	[a tsɨrɨ'i]

179. Vogels

vogel (de)	pasăre (f)	['pasəre]
duif (de)	porumbel (m)	[porum'bel]
mus (de)	vrabie (f)	['vrabie]
koolmees (de)	piţigoi (m)	[pitsi'goj]
ekster (de)	coţofană (f)	[kotso'fanə]

raaf (de)	corb (m)	[korb]
kraai (de)	cioară (f)	[tʃio'arə]
kauw (de)	stancă (f)	['stankə]
roek (de)	cioară (f) de câmp	[tʃio'arə de 'kɨmp]

eend (de)	rață (f)	['ratsə]
gans (de)	gâscă (f)	['giskə]
fazant (de)	fazan (m)	[fa'zan]

arend (de)	acvilă (f)	['akvilə]
havik (de)	uliu (m)	['ulju]
valk (de)	şoim (m)	[ʃojm]
gier (de)	vultur (m)	['vultur]
condor (de)	condor (m)	[kon'dor]

zwaan (de)	lebădă (f)	['lebədə]
kraanvogel (de)	cocor (m)	[ko'kor]
ooievaar (de)	cocostârc (m)	[kokos'tɨrk]
papegaai (de)	papagal (m)	[papa'gal]
kolibrie (de)	pasărea (f) colibri	['pasərʲa ko'libri]
pauw (de)	păun (m)	[pə'un]

struisvogel (de)	struț (m)	[struts]
reiger (de)	stârc (m)	[stɨrk]
flamingo (de)	flamingo (m)	[fla'mingo]
pelikaan (de)	pelican (m)	[peli'kan]

nachtegaal (de)	privighetoare (f)	[privigeto'are]
zwaluw (de)	rândunică (f)	[rɨndu'nikə]
lijster (de)	mierlă (f)	['merlə]
zanglijster (de)	sturz-cântător (m)	[sturz kɨntə'tor]
merel (de)	mierlă (f) sură	['merlə 'surə]

gierzwaluw (de)	lăstun (m)	[ləs'tun]
leeuwerik (de)	ciocârlie (f)	[tʃiokɨr'lie]
kwartel (de)	prepeliță (f)	[prepe'litsə]

specht (de)	ciocănitoare (f)	[tʃiokənito'are]
koekoek (de)	cuc (m)	[kuk]
uil (de)	bufniță (f)	['bufnitsə]
oehoe (de)	buha mare (f)	['buhə 'mare]
auerhoen (het)	cocoş (m) de munte	[ko'koʃ de 'munte]
korhoen (het)	cocoş (m) sălbatic	[ko'koʃ səlba'tik]
patrijs (de)	potârniche (f)	[potɨr'nike]

spreeuw (de)	graur (m)	['graur]
kanarie (de)	canar (m)	[ka'nar]
hazelhoen (het)	găinuşă de alun (f)	[gəi'nuʃə de a'lun]
vink (de)	cinteză (f)	[tʃin'tezə]
goudvink (de)	botgros (m)	[bot'gros]

meeuw (de)	pescăruş (m)	[peskə'ruʃ]
albatros (de)	albatros (m)	[alba'tros]
pinguïn (de)	pinguin (m)	[pigu'in]

180. Vogels. Zingen en geluiden

| fluiten, zingen (ww) | a cânta | [a kɨn'ta] |
| schreeuwen (dieren, vogels) | a striga | [a stri'ga] |

| kraaien (ov. een haan) | a cânta cucurigu | [a kin'ta kuku'rigu] |
| kukeleku | cucurigu (m) | [kuku'rigu] |

klokken (hen)	a cotcodăci	[a kotkodə'ʧi]
krassen (kraai)	a croncăni	[a kronkə'ni]
kwaken (eend)	a măcăi	[a məkə'i]
piepen (kuiken)	a piui	[a pju'i]
tjilpen (bijv. een mus)	a ciripi	[a ʧiri'pi]

181. Vis. Zeedieren

brasem (de)	plătică (f)	[plə'tikə]
karper (de)	crap (m)	[krap]
baars (de)	biban (m)	[bi'ban]
meerval (de)	somn (m)	[somn]
snoek (de)	ştiucă (f)	['ʃtjukə]

| zalm (de) | somon (m) | [so'mon] |
| steur (de) | nisetru (m) | [ni'setru] |

| haring (de) | scrumbie (f) | [skrum'bie] |
| atlantische zalm (de) | somon (m) | [so'mon] |

| makreel (de) | macrou (n) | [ma'krou] |
| platvis (de) | cambulă (f) | [kam'bulə] |

| snoekbaars (de) | şalău (m) | [ʃa'ləu] |
| kabeljauw (de) | batog (m) | [ba'tog] |

| tonijn (de) | ton (m) | [ton] |
| forel (de) | păstrăv (m) | [pəs'trəv] |

| paling (de) | ţipar (m) | [tsi'par] |
| sidderrog (de) | peşte-torpilă (m) | ['peʃte tor'pilə] |

| murene (de) | murenă (f) | [mu'renə] |
| piranha (de) | piranha (f) | [pi'ranija] |

haai (de)	rechin (m)	[re'kin]
dolfijn (de)	delfin (m)	[del'fin]
walvis (de)	balenă (f)	[ba'lenə]

krab (de)	crab (m)	[krab]
kwal (de)	meduză (f)	[me'duzə]
octopus (de)	caracatiţă (f)	[kara'katitsə]

zeester (de)	stea de mare (f)	[stʲa de 'mare]
zee-egel (de)	arici de mare (m)	[a'riʧi de 'mare]
zeepaardje (het)	căluţ (m) de mare (f)	[ka'luts de 'mare]

oester (de)	stridie (f)	['stridie]
garnaal (de)	crevetă (f)	[kre'vetə]
kreeft (de)	stacoj (m)	[sta'koʒ]
langoest (de)	langustă (f)	[lan'gustə]

182. Amfibieën. Reptielen

slang (de)	şarpe (m)	['ʃarpe]
giftig (slang)	veninos	[veni'nos]

adder (de)	viperă (f)	['vipere]
cobra (de)	cobră (f)	['kobre]
python (de)	piton (m)	[pi'ton]
boa (de)	şarpe (m) boa	['ʃarpe bo'a]

ringslang (de)	şarpe (m) de casă	['ʃarpe de 'kase]
ratelslang (de)	şarpe (m) cu clopoţei	['ʃarpe ku klopo'tsej]
anaconda (de)	anacondă (f)	[ana'konde]

hagedis (de)	şopârlă (f)	[ʃo'pirle]
leguaan (de)	iguană (f)	[igu'ane]
varaan (de)	şopârlă (f)	[ʃo'pirle]
salamander (de)	salamandră (f)	[sala'mandre]
kameleon (de)	cameleon (m)	[kamele'on]
schorpioen (de)	scorpion (m)	[skorpi'on]

schildpad (de)	broască (f) ţestoasă	[bro'aske tsesto'ase]
kikker (de)	broască (f)	[bro'aske]
pad (de)	broască (f) râioasă	[bro'aske rijo'ase]
krokodil (de)	crocodil (m)	[kroko'dil]

183. Insecten

insect (het)	insectă (f)	[in'sekte]
vlinder (de)	fluture (m)	['fluture]
mier (de)	furnică (f)	[fur'nike]
vlieg (de)	muscă (f)	['muske]
mug (de)	ţânţar (m)	[tsin'tsar]
kever (de)	gândac (m)	[gin'dak]

wesp (de)	viespe (f)	['vespe]
bij (de)	albină (f)	[al'bine]
hommel (de)	bondar (m)	[bon'dar]
horzel (de)	tăun (m)	[te'un]

spin (de)	păianjen (m)	[pe'janʒen]
spinnenweb (het)	pânză (f) de păianjen	['pinze de pe'janʒen]

libel (de)	libelulă (f)	[libe'lule]
sprinkhaan (de)	greier (m)	['greer]
nachtvlinder (de)	fluture (m)	['fluture]

kakkerlak (de)	gândac (m)	[gin'dak]
teek (de)	căpuşă (f)	[ke'puʃe]
vlo (de)	purice (m)	['puritʃe]
kriebelmug (de)	musculiţă (f)	[musku'litse]
treksprinkhaan (de)	lăcustă (f)	[le'kuste]
slak (de)	melc (m)	[melk]

krekel (de)	greier (m)	['greer]
glimworm (de)	licurici (m)	[liku'ritʃi]
lieveheersbeestje (het)	buburuză (f)	[bubu'ruzə]
meikever (de)	cărăbuş (m)	[kərə'buʃ]

bloedzuiger (de)	lipitoare (f)	[lipito'are]
rups (de)	omidă (f)	[o'midə]
aardworm (de)	vierme (m)	['verme]
larve (de)	larvă (f)	['larvə]

184. Dieren. Lichaamsdelen

snavel (de)	cioc (n)	[tʃiok]
vleugels (mv.)	aripi (f pl)	[a'ripʲ]
poot (ov. een vogel)	labă (f)	['labə]
verenkleed (het)	penaj (n)	[pe'naʒ]
veer (de)	pană (f)	['panə]
kuifje (het)	moţ (n)	[mots]

kieuwen (mv.)	branhii (f pl)	[bran'hij]
kuit, dril (de)	icre (f pl)	['ikre]
larve (de)	larvă (f)	['larvə]
vin (de)	aripioară (f)	[ari'pjoare]
schubben (mv.)	solzi (m pl)	[solzʲ]

slagtand (de)	dinte (m) canin	['dinte ka'nin]
poot (bijv. ~ van een kat)	labă (f)	['labə]
muil (de)	bot (n)	[bot]
bek (mond van dieren)	bot (n)	[bot]
staart (de)	coadă (f)	[ko'adə]
snorharen (mv.)	mustăţi (f pl)	[mus'tətsʲ]

| hoef (de) | copită (f) | [ko'pitə] |
| hoorn (de) | corn (n) | [korn] |

schild (schildpad, enz.)	carapace (f)	[kara'patʃe]
schelp (de)	schelet (n)	[ske'let]
eierschaal (de)	găoace (f)	[gəo'atʃe]

| vacht (de) | blană (f) | ['blanə] |
| huid (de) | piele (f) | ['pjele] |

185. Dieren. Leefomgevingen

| leefgebied (het) | mediu (n) ambiant | ['medju am'bjant] |
| migratie (de) | migraţie (f) | [mi'gratsie] |

berg (de)	munte (m)	['munte]
rif (het)	recif (m)	[re'tʃif]
klip (de)	stâncă (f)	['stinkə]
bos (het)	pădure (f)	[pə'dure]
jungle (de)	junglă (f)	['ʒunglə]

| savanne (de) | savană (f) | [sa'vanə] |
| toendra (de) | tundră (f) | ['tundrə] |

steppe (de)	stepă (f)	['stepə]
woestijn (de)	deşert (n)	[de'ʃert]
oase (de)	oază (f)	[o'azə]

zee (de)	mare (f)	['mare]
meer (het)	lac (n)	[lak]
oceaan (de)	ocean (n)	[otʃe'an]

moeras (het)	mlaştină (f)	['mlaʃtinə]
zoetwater- (abn)	de apă dulce	[de 'apə 'dultʃe]
vijver (de)	iaz (n)	[jaz]
rivier (de)	râu (n)	['riu]

berenhol (het)	bârlog (n)	[bir'log]
nest (het)	cuib (n)	[kujb]
boom holte (de)	scorbură (f)	['skorburə]
hol (het)	vizuină (f)	[vizu'inə]
mierenhoop (de)	furnicar (n)	[furni'kar]

171

Flora

186. Bomen

boom (de)	copac (m)	[ko'pak]
loof- (abn)	foios	[fo'jos]
dennen- (abn)	conifer	[koni'fere]
groenblijvend (bn)	veşnic verde	['veʃnik 'verde]
appelboom (de)	măr (m)	[mər]
perenboom (de)	păr (m)	[pər]
zoete kers (de)	cireş (m)	[ʧi'reʃ]
zure kers (de)	vişin (m)	['viʃin]
pruimelaar (de)	prun (m)	[prun]
berk (de)	mesteacăn (m)	[mes'tʲakən]
eik (de)	stejar (m)	[ste'ʒar]
linde (de)	tei (m)	[tej]
esp (de)	plop tremurător (m)	['plop tremurə'tor]
esdoorn (de)	arţar (m)	[ar'tsar]
spar (de)	brad (m)	[brad]
den (de)	pin (m)	[pin]
lariks (de)	zadă (f)	['zadə]
zilverspar (de)	brad (m) alb	['brad 'alb]
ceder (de)	cedru (m)	['ʧedru]
populier (de)	plop (m)	[plop]
lijsterbes (de)	sorb (m)	[sorb]
wilg (de)	salcie (f)	['salʧie]
els (de)	arin (m)	[a'rin]
beuk (de)	fag (m)	[fag]
iep (de)	ulm (m)	[ulm]
es (de)	frasin (m)	['frasin]
kastanje (de)	castan (m)	[kas'tan]
magnolia (de)	magnolie (f)	[mag'nolie]
palm (de)	palmier (m)	[palmi'er]
cipres (de)	chiparos (m)	[kipa'ros]
mangrove (de)	manglier (m)	[mangli'jer]
baobab (apenbroodboom)	baobab (m)	[bao'bab]
eucalyptus (de)	eucalipt (m)	[euka'lipt]
mammoetboom (de)	secvoia (m)	[sek'voja]

187. Heesters

struik (de)	tufă (f)	['tufə]
heester (de)	arbust (m)	[ar'bust]

| wijnstok (de) | viţă (f) de vie | ['vitsə de 'vie] |
| wijngaard (de) | vie (f) | ['vie] |

frambozenstruik (de)	zmeură (f)	['zmeurə]
rode bessenstruik (de)	coacăz (m) roşu	[ko'akəz 'roʃu]
kruisbessenstruik (de)	agriş (m)	[a'griʃ]

acacia (de)	salcâm (m)	[sal'kɨm]
zuurbes (de)	lemn (m) galben	['lemn 'galben]
jasmijn (de)	iasomie (f)	[jaso'mie]

jeneverbes (de)	ienupăr (m)	[je'nupər]
rozenstruik (de)	tufă (f) de trandafir	['tufə de tranda'fir]
hondsroos (de)	măceş (m)	[mə'tʃeʃ]

188. Champignons

paddenstoel (de)	ciupercă (f)	[tʃiu'perkə]
eetbare paddenstoel (de)	ciupercă (f) comestibilă	[tʃiu'perkə komes'tibilə]
giftige paddenstoel (de)	ciupercă (f) otrăvitoare	[tʃiu'perkə otrəvito'are]
hoed (de)	pălărie (f)	[pələ'rie]
steel (de)	picior (n)	[pi'tʃior]

eekhoorntjesbrood (het)	hrib (m)	[hrib]
rosse populierboleet (de)	pitărcuţă (f)	[pitər'kutsə]
berkenboleet (de)	pitarcă (f)	[pi'tarkə]
cantharel (de)	gălbior (m)	[gəlbi'or]
russula (de)	vineţică (f)	[vine'tsikə]

morielje (de)	zbârciog (m)	[zbɨr'tʃiog]
vliegenzwam (de)	burete (m) pestriţ	[bu'rete pes'trits]
groene knolamaniet (de)	ciupercă (f) otrăvitoare	[tʃiu'perkə otrəvito'are]

189. Vruchten. Bessen

appel (de)	măr (n)	[mər]
peer (de)	pară (f)	['parə]
pruim (de)	prună (f)	['prunə]

aardbei (de)	căpşună (f)	[kəp'ʃunə]
zure kers (de)	vişină (f)	['viʃinə]
zoete kers (de)	cireaşă (f)	[tʃi'r'aʃə]
druif (de)	struguri (m pl)	['strugurʲ]

framboos (de)	zmeură (f)	['zmeurə]
zwarte bes (de)	coacăză (f) neagră	[ko'akəzə 'nʲagrə]
rode bes (de)	coacăză (f) roşie	[ko'akəzə 'roʃie]
kruisbes (de)	agrişă (f)	[a'griʃə]
veenbes (de)	răchiţele (f pl)	[rəki'tsele]

| sinaasappel (de) | portocală (f) | [porto'kale] |
| mandarijn (de) | mandarină (f) | [manda'rinə] |

ananas (de)	ananas (m)	[ana'nas]
banaan (de)	banană (f)	[ba'nanə]
dadel (de)	curmală (f)	[kur'malə]

citroen (de)	lămâie (f)	[lə'mɨe]
abrikoos (de)	caisă (f)	[ka'isə]
perzik (de)	piersică (f)	['pjersikə]
kiwi (de)	kiwi (n)	['kivi]
grapefruit (de)	grepfrut (n)	['grepfrut]

bes (de)	boabă (f)	[bo'abə]
bessen (mv.)	fructe (n pl) de pădure	['frukte de pə'dure]
vossenbes (de)	merişor (m)	[meri'ʃor]
bosaardbei (de)	frag (m)	[frag]
blauwe bosbes (de)	afină (f)	[a'finə]

190. Bloemen. Planten

| bloem (de) | floare (f) | [flo'are] |
| boeket (het) | buchet (n) | [bu'ket] |

roos (de)	trandafir (m)	[tranda'fir]
tulp (de)	lalea (f)	[la'lʲa]
anjer (de)	garoafă (f)	[garo'afə]
gladiool (de)	gladiolă (f)	[gladi'olə]

korenbloem (de)	albăstrea (f)	[albəs'trʲa]
klokje (het)	clopoţel (m)	[klopo'tsel]
paardenbloem (de)	păpădie (f)	[pəpə'die]
kamille (de)	romaniţă (f)	[roma'nitsə]

aloè (de)	aloe (f)	[a'loe]
cactus (de)	cactus (m)	['kaktus]
ficus (de)	ficus (m)	['fikus]

lelie (de)	crin (m)	[krin]
geranium (de)	muşcată (f)	[muʃ'katə]
hyacint (de)	zambilă (f)	[zam'bilə]

mimosa (de)	mimoză (f)	[mi'mozə]
narcis (de)	narcisă (f)	[nar'tʃisə]
Oost-Indische kers (de)	condurul-doamnei (m)	[kon'durul do'amnej]

orchidee (de)	orhidee (f)	[orhi'dee]
pioenroos (de)	bujor (m)	[bu'ʒor]
viooltje (het)	toporaş (m)	[topo'raʃ]

driekleurig viooltje (het)	pansele (f)	[pan'sele]
vergeet-mij-nietje (het)	nu-mă-uita (f)	[nu mə uj'ta]
madeliefje (het)	margaretă (f)	[marga'retə]

papaver (de)	mac (m)	[mak]
hennep (de)	cânepă (f)	['kinepə]
munt (de)	mentă (f)	['mentə]

lelietje-van-dalen (het)	lăcrămioară (f)	[ləkrəmjo'arə]
sneeuwklokje (het)	ghiocel (m)	[gio'ʧel]
brandnetel (de)	urzică (f)	[ur'zikə]
veldzuring (de)	măcriş (m)	[mə'kriʃ]
waterlelie (de)	nufăr (m)	['nufər]
varen (de)	ferigă (f)	['ferigə]
korstmos (het)	lichen (m)	[li'ken]
oranjerie (de)	seră (f)	['serə]
gazon (het)	gazon (n)	[ga'zon]
bloemperk (het)	strat (n) de flori	[strat de 'flori]
plant (de)	plantă (f)	['plantə]
gras (het)	iarbă (f)	['jarbə]
grasspriet (de)	fir (n) de iarbă	[fir de 'jarbə]
blad (het)	frunză (f)	['frunzə]
bloemblad (het)	petală (f)	[pe'talə]
stengel (de)	tulpină (f)	[tul'pinə]
knol (de)	tubercul (m)	[tu'berkul]
scheut (de)	mugur (m)	['mugur]
doorn (de)	ghimpe (m)	['gimpe]
bloeien (ww)	a înflori	[a inflo'ri]
verwelken (ww)	a se ofili	[a se ofe'li]
geur (de)	miros (n)	[mi'ros]
snijden (bijv. bloemen ~)	a tăia	[a tə'ja]
plukken (bloemen ~)	a rupe	[a 'rupe]

191. Granen, graankorrels

graan (het)	grăunţe (n pl)	[grə'untse]
graangewassen (mv.)	cereale (f pl)	[ʧere'ale]
aar (de)	spic (n)	[spik]
tarwe (de)	grâu (n)	['griu]
rogge (de)	secară (f)	[se'karə]
haver (de)	ovăz (n)	[ovəz]
gierst (de)	mei (m)	[mej]
gerst (de)	orz (n)	[orz]
maïs (de)	porumb (m)	[po'rumb]
rijst (de)	orez (n)	[o'rez]
boekweit (de)	hrişcă (f)	['hriʃkə]
erwt (de)	mazăre (f)	['mazəre]
nierboon (de)	fasole (f)	[fa'sole]
soja (de)	soia (f)	['soja]
linze (de)	linte (n)	['linte]
bonen (mv.)	boabe (f pl)	[bo'abe]

REGIONALE AARDRIJKSKUNDE

Landen. Nationaliteiten

192. Politiek. Overheid. Deel 1

politiek (de)	politică (f)	[po'litikə]
politiek (bn)	politic	[po'litik]
politicus (de)	politician (m)	[polititʃi'an]

staat (land)	stat (n)	[stat]
burger (de)	cetăţean (m)	[tʃetə'tsʲan]
staatsburgerschap (het)	cetăţenie (f)	[tʃetətse'nie]

nationaal wapen (het)	stemă (f) naţională	['stemə natsio'nalə]
volkslied (het)	imn (n) de stat	[imn de stat]

regering (de)	guvern (n)	[gu'vern]
staatshoofd (het)	conducătorul (m) ţării	[kondukə'torul tsərij]
parlement (het)	parlament (n)	[parla'ment]
partij (de)	partid (n)	[par'tid]

kapitalisme (het)	capitalism (n)	[kapita'lism]
kapitalistisch (bn)	capitalist	[kapita'list]

socialisme (het)	socialism (n)	[sotʃia'lizm]
socialistisch (bn)	socialist	[sotʃia'list]

communisme (het)	comunism (n)	[komu'nizm]
communistisch (bn)	comunist	[komu'nist]
communist (de)	comunist (m)	[komu'nist]

democratie (de)	democraţie (f)	[demokra'tsie]
democraat (de)	democrat (m)	[demo'krat]
democratisch (bn)	democrat	[demo'krat]
democratische partij (de)	partid (n) democrat	[par'tid demo'krat]

liberaal (de)	liberal (m)	[libe'ral]
liberaal (bn)	liberal	[libe'ral]

conservator (de)	conservator (m)	[konserva'tor]
conservatief (bn)	conservator	[konserva'tor]

republiek (de)	republică (f)	[re'publikə]
republikein (de)	republican (m)	[republi'kan]
Republikeinse Partij (de)	partid (n) republican	[par'tid republi'kan]

verkiezing (de)	alegeri (f pl)	[a'ledʒerʲ]
kiezen (ww)	a alege	[a a'ledʒe]

| kiezer (de) | alegător (m) | [alege'tor] |
| verkiezingscampagne (de) | campanie (f) electorală | [kam'panie elekto'rale] |

stemming (de)	votare (f)	[vo'tare]
stemmen (ww)	a vota	[a vo'ta]
stemrecht (het)	drept (n) de vot	[drept de vot]

kandidaat (de)	candidat (m)	[kandi'dat]
zich kandideren	a candida	[a kandi'da]
campagne (de)	campanie (f)	[kam'panie]

| oppositie- (abn) | de opoziție | [de opo'zitsie] |
| oppositie (de) | opoziție (f) | [opo'zitsie] |

bezoek (het)	vizită (f)	['vizite]
officieel bezoek (het)	vizită (f) oficială	['vizite ofitʃi'ale]
internationaal (bn)	internațional	[internatsio'nal]

| onderhandelingen (mv.) | tratative (n pl) | [trata'tive] |
| onderhandelen (ww) | a purta tratative | [a pur'ta trata'tive] |

193. Politiek. Overheid. Deel 2

maatschappij (de)	societate (f)	[sotʃie'tate]
grondwet (de)	constituție (f)	[konsti'tutsie]
macht (politieke ~)	autoritate (f)	[autori'tate]
corruptie (de)	corupție (f)	[ko'ruptsie]

| wet (de) | lege (f) | ['ledʒe] |
| wettelijk (bn) | legal | [le'gal] |

| rechtvaardigheid (de) | dreptate (f) | [drep'tate] |
| rechtvaardig (bn) | echitabil | [eki'tabil] |

comité (het)	comitet (n)	[komi'tet]
wetsvoorstel (het)	proiect (n) de lege	[pro'ekt de 'ledʒe]
begroting (de)	buget (n)	[bu'dʒet]
beleid (het)	politică (f)	[po'litike]
hervorming (de)	reformă (f)	[re'forme]
radicaal (bn)	radical	[radi'kal]

macht (vermogen)	putere (f)	[pu'tere]
machtig (bn)	puternic	[pu'ternik]
aanhanger (de)	adept (m)	[a'dept]
invloed (de)	influență (f)	[influ'entse]

regime (het)	regim (n)	[re'dʒim]
conflict (het)	conflict (n)	[kon'flikt]
samenzwering (de)	conspirație (f)	[konspi'ratsie]
provocatie (de)	provocare (f)	[provo'kare]

omverwerpen (ww)	a răsturna	[a resturna]
omverwerping (de)	răsturnare (f)	[restur'nare]
revolutie (de)	revoluție (f)	[revo'lutsie]

| staatsgreep (de) | lovitură (f) de stat | [lovi'tura də stat] |
| militaire coup (de) | lovitură (f) de stat militară | [lovi'tura də stat mili'tarə] |

crisis (de)	criză (f)	['krizə]
economische recessie (de)	scădere (f) economică	[skə'dere eko'nomikə]
betoger (de)	manifestant (m)	[manifes'tant]
betoging (de)	manifestație (f)	[manifes'tatsie]
krijgswet (de)	stare (f) de război	['stare de rəz'boj]
militaire basis (de)	bază (f) militară	['bazə mili'tarə]

| stabiliteit (de) | stabilitate (f) | [stabili'tatə] |
| stabiel (bn) | stabil | [sta'bil] |

| uitbuiting (de) | exploatare (f) | [ekploa'tare] |
| uitbuiten (ww) | a exploata | [a eksploa'ta] |

racisme (het)	rasism (n)	[ra'sism]
racist (de)	rasist (m)	[ra'sist]
fascisme (het)	fascism (n)	[fas'tʃism]
fascist (de)	fascist (m)	[fas'tʃist]

194. Landen. Diversen

vreemdeling (de)	cetățean (m) străin	[tʃetə'tsⁱan strə'in]
buitenlands (bn)	străin	[strə'in]
in het buitenland (bw)	peste hotare	['peste ho'tare]

emigrant (de)	emigrant (m)	[emi'grant]
emigratie (de)	emigrare (f)	[emi'grare]
emigreren (ww)	a emigra	[a emi'gra]

Westen (het)	Vest (n)	[vest]
Oosten (het)	Est (n)	[est]
Verre Oosten (het)	Extremul Orient (n)	[eks'tremul o'rjent]

beschaving (de)	civilizație (f)	[tʃivili'zatsie]
mensheid (de)	umanitate (f)	[umani'tate]
wereld (de)	lume (f)	['lume]
vrede (de)	pace (f)	['patʃe]
wereld- (abn)	mondial	[mon'djal]

vaderland (het)	patrie (f)	['patrie]
volk (het)	popor (n)	[po'por]
bevolking (de)	populație (f)	[popu'latsie]
mensen (mv.)	oameni (m pl)	[o'amenⁱ]
natie (de)	națiune (f)	[natsi'une]
generatie (de)	generație (f)	[dʒene'ratsie]

gebied (bijv. bezette ~en)	teritoriu (n)	[teri'torju]
regio, streek (de)	regiune (f)	[redʒi'une]
deelstaat (de)	stat (n)	[stat]

| traditie (de) | tradiție (f) | [tra'ditsie] |
| gewoonte (de) | obicei (n) | [obi'tʃej] |

ecologie (de)	ecologie (f)	[ekolo'ʤie]
Indiaan (de)	indian (m)	[indi'an]
zigeuner (de)	ţigan (m)	[tsi'gan]
zigeunerin (de)	ţigancă (f)	[tsi'gankə]
zigeuner- (abn)	ţigănesc	[tsigə'nesk]
rijk (het)	imperiu (n)	[im'perju]
kolonie (de)	colonie (f)	[kolo'nie]
slavernij (de)	sclavie (f)	[skla'vie]
invasie (de)	invazie (f)	[in'vazie]
hongersnood (de)	foamete (f)	[fo'amete]

195. Grote religieuze groepen. Bekentenissen

religie (de)	religie (f)	[re'liʤie]
religieus (bn)	religios	[reliʤi'os]
geloof (het)	credinţă (f)	[kre'dintsə]
geloven (ww)	a crede	[a 'krede]
gelovige (de)	credincios (m)	[kredin'tʃios]
atheïsme (het)	ateism (n)	[ate'izm]
atheïst (de)	ateu (m)	[a'teu]
christendom (het)	creştinism (n)	[kreʃti'nism]
christen (de)	creştin (m)	[kreʃ'tin]
christelijk (bn)	creştin	[kreʃ'tin]
katholicisme (het)	Catolicism (n)	[katoli'tʃism]
katholiek (de)	catolic (m)	[ka'tolik]
katholiek (bn)	catolic	[ka'tolik]
protestantisme (het)	Protestantism (n)	[protestan'tizm]
Protestante Kerk (de)	Biserica (f) Protestantă	[bi'serika protes'tantə]
protestant (de)	protestant (m)	[protes'tant]
orthodoxie (de)	Ortodoxie (f)	[ortodok'sie]
Orthodoxe Kerk (de)	Biserica (f) Ortodoxă	[bi'serika orto'doksə]
orthodox	ortodox (m)	[orto'doks]
presbyterianisme (het)	calvinism (n)	[kalvi'nism]
Presbyteriaanse Kerk (de)	Biserica (f) Calvinistă	[bi'serika kalvi'nistə]
presbyteriaan (de)	calvinist (m)	[kalvi'nist]
lutheranisme (het)	Biserica (f) Luterană	[bi'serika lute'ranə]
lutheraan (de)	luteran (m)	[lute'ran]
baptisme (het)	Baptism (n)	[bap'tism]
baptist (de)	baptist (m)	[bap'tist]
Anglicaanse Kerk (de)	Biserica (f) Anglicană	[bi'serika angli'kanə]
anglicaan (de)	anglican (m)	[angli'kan]
mormonisme (het)	Mormonism (n)	[mormo'nism]
mormoon (de)	mormon (m)	[mor'mon]

| Jodendom (het) | Iudaism (n) | [juda'izm] |
| jood (aanhanger van het Jodendom) | iudeu (m) | [ju'deu] |

| boeddhisme (het) | Budism (n) | [bu'dizm] |
| boeddhist (de) | budist (m) | [bu'dist] |

| hindoeïsme (het) | Hinduism (n) | [hindu'izm] |
| hindoe (de) | hindus (m) | [hin'dus] |

islam (de)	Islamism (n)	[isla'mizm]
islamiet (de)	musulman (m)	[musul'man]
islamitisch (bn)	musulman	[musul'man]

| sjiisme (het) | Şiism (n) | [ʃi'ism] |
| sjiiet (de) | şiit (m) | [ʃi'it] |

| soennisme (het) | Sunnism (n) | [su'nism] |
| soenniet (de) | sunnit (m) | [su'nit] |

196. Religies. Priesters

| priester (de) | preot (m) | ['preot] |
| paus (de) | Papa Romei (m) | ['papa 'romej] |

monnik (de)	călugăr (m)	[kə'lugər]
non (de)	călugăriţă (f)	[kə'lugəritsə]
pastoor (de)	pastor (m)	['pastor]

abt (de)	abate (m)	[a'bate]
vicaris (de)	vicar (m)	[vi'kar]
bisschop (de)	episcop (m)	[e'piskop]
kardinaal (de)	cardinal (m)	[kardi'nal]

predikant (de)	propovăduitor (m)	[propovədui'tor]
preek (de)	predică (f)	['predikə]
kerkgangers (mv.)	enoriaşi (m pl)	[enori'aʃ]

| gelovige (de) | credincios (m) | [kredin'tʃios] |
| atheïst (de) | ateu (m) | [a'teu] |

197. Geloof. Christendom. Islam

| Adam | Adam (m) | [a'dam] |
| Eva | Eva (f) | ['eva] |

God (de)	Dumnezeu (m)	[dumne'zeu]
Heer (de)	Domnul (m)	['domnulʲ]
Almachtige (de)	Atotputernic (m)	[atotpu'ternik]

| zonde (de) | păcat (n) | [pə'kat] |
| zondigen (ww) | a păcătui | [a pəkətu'i] |

| zondaar (de) | păcătos (m) | [pəkə'tos] |
| zondares (de) | păcătoasă (f) | [pəkəto'asə] |

| hel (de) | iad (n) | [jad] |
| paradijs (het) | rai (f) | [raj] |

| Jezus | Isus (m) | [i'sus] |
| Jezus Christus | Isus Hristos (m) | [i'sus hris'tos] |

Heilige Geest (de)	Sfântul Duh (m)	['sfintul 'duh]
Verlosser (de)	Salvator (m)	[salva'tor]
Maagd Maria (de)	Maica Domnului (f)	['majka 'domnuluj]

duivel (de)	Diavol (m)	['djavol]
duivels (bn)	diavolesc	[djavo'lesk]
Satan	Satana (f)	[sa'tana]
satanisch (bn)	satanic	[sa'tanik]

engel (de)	înger (m)	['indʒer]
beschermengel (de)	înger (m) păzitor	['indʒer pəzi'tor]
engelachtig (bn)	îngeresc	[indʒe'resk]

apostel (de)	apostol (m)	[a'postol]
aartsengel (de)	arhanghel (m)	[ar'hangel]
antichrist (de)	antihrist (m)	[anti'hrist]

Kerk (de)	Biserică (f)	[bi'serikə]
bijbel (de)	Biblie (f)	['biblie]
bijbels (bn)	biblic	['biblik]

Oude Testament (het)	Vechiul Testament (n)	['vekjul testa'ment]
Nieuwe Testament (het)	Noul testament (n)	['noul testa'ment]
evangelie (het)	Evanghelie (f)	[eva'ngelie]
Heilige Schrift (de)	Sfânta Scriptură (f)	['sfinta skrip'turə]
Hemel, Hemelrijk (de)	Împărăția Cerului (f)	[impərə'tsia 'tʃeruluj]

gebod (het)	poruncă (f)	[po'runkə]
profeet (de)	profet (m)	[pro'fet]
profetie (de)	profeție (f)	[profe'tsie]

Allah	Allah (m)	[al'lah]
Mohammed	Mohamed (m)	[moha'med]
Koran (de)	Coran (n)	[ko'ran]

moskee (de)	moschee (f)	[mos'kee]
moellah (de)	hoge (m)	['hodʒe]
gebed (het)	rugăciune (f)	[rugə'tʃiune]
bidden (ww)	a se ruga	[a se ru'ga]

pelgrimstocht (de)	pelerinaj (n)	[peleri'naʒ]
pelgrim (de)	pelerin (m)	[pele'rin]
Mekka	Mecca (f)	['meka]

kerk (de)	biserică (f)	[bi'serikə]
tempel (de)	templu (n)	['templu]
kathedraal (de)	catedrală (f)	[kate'dralə]

gotisch (bn)	gotic	['gotik]
synagoge (de)	sinagogă (f)	[sina'gogə]
moskee (de)	moschee (f)	[mos'kee]
kapel (de)	capelă (f)	[ka'pelə]
abdij (de)	abaţie (f)	[a'batsie]
nonnenklooster (het)	mănăstire (f) de călugăriţe	[mənəs'tire de kə'lugəritse]
mannenklooster (het)	mănăstire (f) de călugări	[mənəs'tire de kə'lugərʲ]
klok (de)	clopot (n)	['klopot]
klokkentoren (de)	clopotniţă (f)	[klo'potnitsə]
luiden (klokken)	a bate	[a 'bate]
kruis (het)	cruce (f)	['krutʃe]
koepel (de)	boltă (f)	['boltə]
icoon (de)	icoană (f)	[iko'anə]
ziel (de)	suflet (n)	['suflet]
lot, noodlot (het)	soartă (f)	[so'artə]
kwaad (het)	rău (n)	[rəu]
goed (het)	bine (n)	['bine]
vampier (de)	vampir (m)	[vam'pir]
heks (de)	vrăjitoare (f)	[vrəʒito'are]
demoon (de)	demon (m)	['demon]
geest (de)	spirit (n)	['spirit]
verzoeningsleer (de)	ispăşire (f)	[ispə'ʃire]
vrijkopen (ww)	a ispăşi	[a ispə'ʃi]
mis (de)	slujbă (f)	['sluʒbə]
de mis opdragen	a sluji	[a slu'ʒi]
biecht (de)	spovedanie (f)	[spove'danie]
biechten (ww)	a se spovedi	[a se spove'di]
heilige (de)	sfânt (m)	[sfint]
heilig (bn)	sfânt	[sfint]
wijwater (het)	apă (f) sfinţită	['apə sfin'tsitə]
ritueel (het)	ritual (n)	[ritu'al]
ritueel (bn)	de rit	[de rit]
offerande (de)	jertfă (f)	['ʒertfə]
bijgeloof (het)	superstiţie (f)	[supers'titsie]
bijgelovig (bn)	superstiţios	[superstitsi'os]
hiernamaals (het)	viaţa (f) de după moarte	['vjatsa de 'dupə mo'arte]
eeuwige leven (het)	viaţă (f) veşnică	['vjatsə 'veʃnikə]

DIVERSEN

198. Diverse nuttige woorden

achtergrond (de)	fundal (n)	[fun'dal]
balans (de)	balanţă (f)	[ba'lantsə]
basis (de)	bază (f)	['bazə]
begin (het)	început (n)	[intʃe'put]
beurt (wie is aan de ~?)	rând (n)	[rind]
categorie (de)	categorie (f)	[katego'rie]
comfortabel (~ bed, enz.)	confortabil	[konfor'tabil]
compensatie (de)	compensaţie (f)	[kompen'satsie]
deel (gedeelte)	parte (f)	['parte]
deeltje (het)	bucată (f)	[bu'katə]
ding (object, voorwerp)	obiect (n)	[o'bjekt]
dringend (bn, urgent)	urgent	[ur'dʒent]
dringend (bw, met spoed)	urgent	[ur'dʒent]
effect (het)	efect (n)	[e'fekt]
eigenschap (kwaliteit)	însuşire (f)	[insu'ʃire]
einde (het)	sfârşit (n)	[sfir'ʃit]
element (het)	element (n)	[ele'ment]
feit (het)	fapt (n)	[fapt]
fout (de)	greşeală (f)	[gre'ʃalə]
geheim (het)	taină (f)	['tajnə]
graad (mate)	grad (n)	[grad]
groei (ontwikkeling)	creştere (f)	['kreʃtere]
hindernis (de)	barieră (f)	[ba'rjerə]
hinderpaal (de)	obstacol (n)	[ob'stakol]
hulp (de)	ajutor (n)	[aʒu'tor]
ideaal (het)	ideal (n)	[ide'al]
inspanning (de)	efort (n)	[e'fort]
keuze (een grote ~)	alegere (f)	[a'ledʒere]
labyrint (het)	labirint (n)	[labi'rint]
manier (de)	mod (n)	[mod]
moment (het)	moment (n)	[mo'ment]
nut (bruikbaarheid)	folos (n)	[fo'los]
onderscheid (het)	deosebire (f)	[deose'bire]
ontwikkeling (de)	dezvoltare (f)	[dezvol'tare]
oplossing (de)	soluţie (f)	[so'lutsie]
origineel (het)	original (n)	[oridʒi'nal]
pauze (de)	pauză (f)	['pauzə]
positie (de)	poziţie (f)	[po'zitsie]
principe (het)	principiu (n)	[prin'tʃipju]

probleem (het)	problemă (f)	[pro'blemə]
proces (het)	proces (n)	[pro'tʃes]
reactie (de)	reacţie (f)	[re'aktsie]

reden (om ~ van)	cauză (f)	['kauzə]
risico (het)	risc (n)	[risk]
samenvallen (het)	coincidenţă (f)	[kointʃi'dentsə]
serie (de)	serie (f)	['serie]

situatie (de)	situaţie (f)	[situ'atsie]
soort (bijv. ~ sport)	aspect (n)	[as'pekt]
standaard (bn)	standardizat	[standardi'zat]
standaard (de)	standard (n)	[stan'dard]
stijl (de)	stil (n)	[stil]

stop (korte onderbreking)	pauză (f)	['pauzə]
systeem (het)	sistem (n)	[sis'tem]
tabel (bijv. ~ van Mendelejev)	tabel (n)	[ta'bel]
tempo (langzaam ~)	ritm (n)	[ritm]
term (medische ~en)	termen (n)	['termen]

type (soort)	tip (n)	[tip]
variant (de)	variantă (f)	[vari'antə]
veelvuldig (bn)	des	[des]
vergelijking (de)	comparaţie (f)	[kompa'ratsie]
voorbeeld (het goede ~)	exemplu (n)	[e'gzemplu]

voortgang (de)	progres (n)	[pro'gres]
voorwerp (ding)	obiect (n)	[o'bjekt]
vorm (uiterlijke ~)	formă (f)	['formə]
waarheid (de)	adevăr (n)	[ade'vər]
zone (de)	zonă (f)	['zonə]

www.ingramcontent.com/pod-product-compliance
Lightning Source LLC
LaVergne TN
LVHW051310080426
835509LV00020B/3215